大國
性格

美國的
民族性格与信念

Meiguo de Minzu Xingge yu Xinnian

[美] 乔治·桑塔亚那 著　史津海 徐琳 译

中国社会科学出版社

图书在版编目（CIP）数据

美国的民族性格与信念/[美] 乔治·桑塔亚那著．史津海　徐琳译.—北京：
中国社会科学出版社，2008.5
（大国历史·大国性格）
ISBN 978-7-5004-6697-0

Ⅰ．美… Ⅱ．①乔…②史… Ⅲ．民族性—研究—美国
Ⅳ．C955．712

中国版本图书馆 CIP 数据核字（2008）第 002684 号

策　　划　纪　　宏
责任编辑　张　　林
特约编辑　钟 晓 云
责任校对　王 应 来
装帧设计　奇文云海
责任印制　戴　　宽

出版发行　中国社会科学出版社
社　　址　北京鼓楼西大街甲 158 号　　邮　　编　100720
电　　话　010—84029453　　　　　　传　　真　010—64030272
网　　址　http：// www.csspw.com.cn
经　　销　新华书店
印刷装订　三河市君旺印装厂
版　　次　2008 年 5 月第 1 版　　　印　　次　2008 年 5 月第 1 次印刷
开　　本　710×1000　1/16
印　　张　13
字　　数　141 千字
定　　价　28.00 元

美洲土著人

　　这是雅克·勒莫瓦涅所作的插图。图中美洲土著人正将多余的蔬菜、水果运往水岸边的仓库，丰收季节难得一遇，土著人总是在和饥荒做斗争。

哥伦布

　　哥伦布（约 1451—1506），意大利航海家，被多数人认为是美洲大陆的发现者，1492 年他登上了美洲大陆，从此这块土地不再宁静。

"五月花"号移民船

　　1620 年 9 月 16 日，"五月花"号从英国的普利茅斯起航，船上载着 149 名乘客。他们中大部分人是为了逃避国内的宗教迫害才踏上移民美洲之路的。65 天后，除了 1 名乘客和 4 名船员，剩下的人在马萨诸塞的科德角安全登岸。

全新的开始

　　从"五月花"号走下来的英国移民，远离了国内的宗教束缚，他们面对的是一块原始的土地，为了更好地生存，他们签订了《五月花协定》，遵循少数服从多数原则。

遭遇危机

　　"五月花"号的移民错过了美洲大陆的播种时间，在第一个冬天，他们只能靠从国内带来的所剩不多的食物艰难度日。有时，印第安人会送给他们一点玉米。

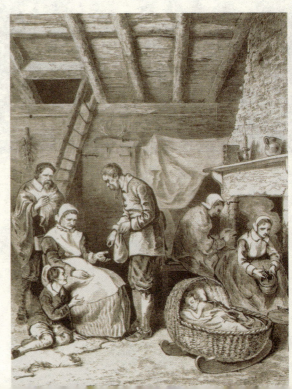

第二故乡

　　时光流逝，美洲大陆的开拓者流汗流血地辛勤劳动，收获的果实一年比一年丰硕。他们已经在美洲大陆建立起广大的庄园和美丽的家园，这里是他们的第二故乡。

约翰·哈佛

约翰·哈佛（1607—1638）出生于英国，30岁的时候到达马萨诸塞的查尔斯敦，成为该市的名誉市民，并被认为是饱学和虔诚之士，不久即病逝于此。

哈佛大学

约翰·哈佛的遗嘱称，把自己价值约 1600 镑的遗产，捐赠给刚建立不久的一所学校。他的捐赠保证了这个学校的持续发展，所以学校更名为哈佛学院，以示纪念。

波士顿倾茶事件

　　1773 年 12 月 16 日的波士顿倾茶事件，点燃了美国人（虽然他们大部分人的先辈是从英国移民来的）反抗英国政府的战争。他们只为自由而战，这种自由是不允许一个远在千里之外的政府来干涉的。

波士顿的独立大厅

　　1776 年 7 月 8 日，《独立宣言》在独立厅被宣读，随后自由的钟声响起，旧秩序被取代了。《独立宣言》是北美大陆上 13 个州的意愿的共同体现。

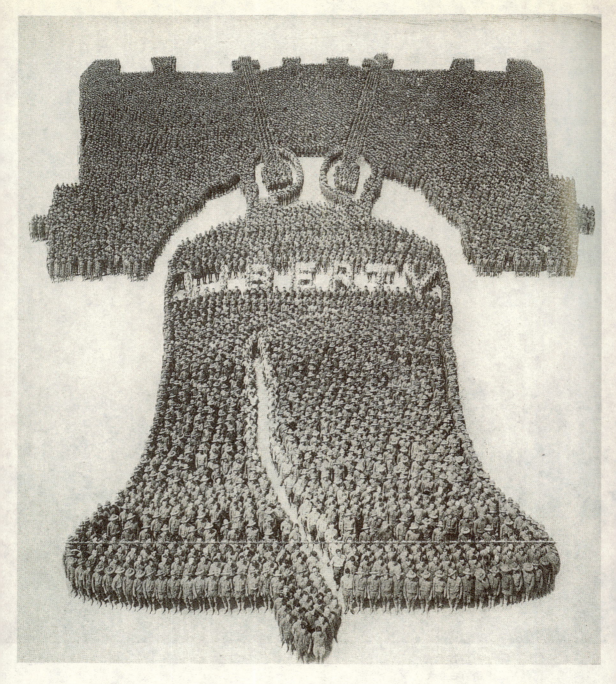

庆祝停战

　　1918年，为了庆祝第一次世界大战结束，25000名士兵组成了自由钟方阵。

惠特曼

沃尔特·惠特曼（1810—1892），美国最伟大的诗人之一，也是美国著名的民主诗人，他歌颂民主自由，体现了美国人民对民主的渴望，他赞美人民创造性的劳动，他的诗给人以积极向上的生气勃勃的精神。代表诗集有《草叶集》。

自由女神像

　　由于英格兰式的自由是合作性的，由于它只要求人们达成部分的、可变通的一致，所以它可以长久地持续下去，可以让所有明事理的人和国家为其效劳。这种自由是美国继承来的最珍贵的财富，这笔财富比欧洲大陆、美洲大陆的原始财富更可贵，它是稳健而果敢的英格兰精神的精华。

美国国会大厦

    美国国会大厦屹立在华盛顿市中心的国会山上，是美国联邦最高立法机关，各种法律法案都要在这里讨论和通过。大厦由中央大厅和两面的侧厅组成，中央大厅内有反映美国大事的油画和历代总统的塑像。

11

美国最高法院

　　美国最高法院是全国最高审判机关，由总统征得参议院同意后任命的九名终身法官组成，其判例对全国有拘束力，享有特殊的司法审查权，即有权通过具体案例宣布联邦或各州的法律是否违宪。

写在前面的话

　　一套煌煌的大师学术名著，当有一篇正大序言，就学术而言，不外乎"辨章学术，考镜源流"。大师们的著作之学术价值无需赘言，编者的文化理想与学术追求虽在丛书编选的过程中得到凸现，而编选者亦有话告于读者。

　　吾国有"天朝上邦，万国求拜"的傲慢，也曾有"九·一八"等幕幕被践踏的历史。美国有被英国殖民统治多年的屈辱，也有莱克星顿枪声响起为独立和自由而战的荣光。日本有地小物乏的天然劣势，亦有以蕞尔小国跻身世界强国之列的自豪。历史的精彩在于其不可复制，各国以其特有的民族特性演绎着自身的兴盛与衰微；历史的残酷在于其不可彩排，各民族用自己的坚忍体验着自身的辉煌与悲怆。

　　史家如一沧桑老人，他们讲述了他们所能陈述的历史，诸如吕思勉《中国史》（原名为《白话本国史》）、坂本太郎《日本史》、屈勒味林《英国史》……这便是我们的"大国历史"，望读者通过大师的作品能了解古今大国之历史，让历史之大智慧，点亮吾人心中的灯塔。然你我更需用一种平静的视野和纯真的姿态去了解过去，国家无论大小，历史无论长短，种族无论优劣，其强有时，其弱亦有时，观今宜鉴古，明其强盛之道，察其衰败之机，方是我们的目的。

　　"大国历史"是历史沧桑的陈述者，"大国性格"则是历史深邃的思考者。这些辉煌文明的思考者，诸如小泉八云的《日本与日本人》、鲁斯·本尼迪克特的《菊花与刀》、桑塔亚那的《美国的民族性格与信念》、爱默生的《英国人的特性》……用他们的智慧和对生命的热情穿破了人与人、民族与民族之间的偏见和隔阂。他们用激情洋溢的智慧文字与各国文明神灵契合，不论是英国人的优雅，或法国人的浪漫，或美国人的自由，或日本人的尚武，或吾国人的仁德。历史均是人在演绎，然而这也不过是自由与民主康庄大道上同工之异曲。

几千年血与泪的浸染，我们渐摸索出共存的规则。几千年来国度之间的交往和各民族智慧的融合，我们的人类有了一幅新的面貌。几千年来在各自道路上的奋力前行，人类已逐渐锻造出一种灵魂的宽容与融洽。你我之间是那么地陌生却熟悉，是那么地遥远却贴近。

　　触感历史的变幻，狭隘的民族主义在这个地球村落中显得那么苍白；感动人类的共融，各国的历史不再被我们误读，各民族的性格不再被我们错解。幸福的生命是我们最为纯洁的心愿，自由与民主是我们永恒的追求，文明的生命是我们最为温暖的灵魂，让我们激情掀开这历史的一页页、一幕幕。

目　录

从桑塔亚那笔下的美国看今日中国

——读桑塔亚那《美国的民族性格与信念》

张耀南

我们看到的美国，是场面上的美国，是表演舞台上的美国，因而是一个"阳的美国"。有"阳"便有"阴"，"阴的美国"就是场面下的美国，就是台下幕后的美国。

美国哲学家乔治·桑塔亚那（George Santayana，1863—1952 年）曾在《学说之风》（*Winds of Doctrine*）中分析这个"阳"与"阴"的美国，说："美国不单是个新国家挟着旧心理，乃是一个国家挟有两种心理，一为祖宗的信仰和准则之遗存，一为新时代的本能、作为、发明之表现。在一切高度的心灵的事——宗教、文学、道德、情操等——里面广播着遗传的精神，那么深湛，以致萧伯纳先生看出美国还落后时代一千年。实在呢，一半美国人的心理还是——我不说高爽，还稍安静，在迴流中轻稳地浮着，同时另一边则再一半的心理正在发明、工业、社会组织中跃下尼加拉的飞瀑。这可在美国的建筑中找见其象征……美国的意志寓于冲霄的高楼；美国的理智寓于殖民的邸第。"（New York，1913 年，第 188 页）

本能、发明、工业、殖民之类，表现的是一个"阳的美国"；祖宗信仰、准则遗存、遗传精神之类，表现的是一个"阴的美国"。阴、阳本是对半而分，日、夜本是对半而轮的，然我们印象中的美国，却只是一个"阳的美国"；美国的阴的一面，或曰阴的一面的美国，常常被我们忽略了。

美国思想史与文明史家威尔·杜兰（Will Durant，1885—1981 年）

20 世纪 20 年代在论及"现代美洲哲学家"时，曾告诫我们千万别忘记了美国的另一面，别忘记了那个"阴"的美国：

　　大家知道美国分两个呢，一个是欧洲式的。欧洲式的美国主要是东部诸省，那里较早的居民企慕外邦的贵族派致，较晚的移民则依恋故土的文化沿习。在这个欧洲式的美国，盎格罗撒克森（Anglo-Saxon）沉着而尚典雅的心灵与新民族好动而趋革新的精神之间有种剧烈的冲突。英国式样的思想和习尚，终究必退让于四周汹涌浸灌的大陆文化；不过在眼前美国东部，道德观点上虽已脱离，文学上仍还笼罩着英国的空气。大西洋西岸诸省，艺术和趣味的标准是英国的，文学上的传承也是英国的，如来得及有些哲学，也是同英国思想一脉的。就是这个新英国，生出华盛顿、欧文（Irving）、厄麦孙，甚至亚伦坡来；就是这个新英国，写下美国第一个哲学家爱德华（Jonathan Edwards）的书来；也就是这个新英国，捉住而改造那位陌生的外来的人物，美国最近的思想家桑塔亚那。当然，我们只是承地域上的光宠而得桑塔亚那为美国的哲学家。他是个欧洲人，生于西班牙，在知识未开的孩提时携来美国，现在长成了，仍回到欧洲如回到乐园一般，而和我们共度的年岁只是个准备时期。桑塔亚那是沉浸在老美国"缙绅的传说"里的。

　　另一个美国是美国式的。所包括的民族，无论扬岐人（yankees）、胡宅人（Hoosiers）、牧牛人（Cowboys），托根都在此土而不在欧洲；他们的习尚、见解、理想，都是本地造就的；他们的心灵既不曾接触着令波士顿（Boston）、纽约（New York）、斐拉达斐亚（Philadelphia）、立赤孟特（Richmond）等处增光的世家风范，也不曾感染着南欧东欧变忽的热情；男男女女皆由原始的环境及工作形成体质的刚健、心理的质直。这个美国就是产生出林肯、托罗、韦特曼、马克腾（Mark Twain）来的。这便是"老经验"、"实用人"、"精干商人"的美国；就是这个美国，深印在詹姆士心中，使他变了它哲学上的标帜，同时他们兄弟则变得比英国人还更加英国式；也就是这个美国，造成了杜威。（《哲学的故事》，第十一章）

这里所说的"阴的美国"就是"欧洲式的美国"，就是产出华盛顿、欧文、爱伦坡、爱德华、桑塔亚那诸大师的美国；这里所说的"阳的美国"就是"美国式的美国"，就是产出林肯、惠特曼、马克·吐温、詹姆斯诸大师的美国。就"阴"的一方面而言，新大陆不过是旧大陆的延伸；就"阳"的一方面而言，新文明又是得力于此土与本地的造就。

"美国精神"的成立，一定不能离了阴、阳两极的媾合，这跟任何"民族精神"的形成，没有什么不同。

乔治·桑塔亚那撰《美国的民族性格与信念》，分析美国之"学术环境"说："虽然绝大多数美国人的政治与伦理观点（即便有点模糊）非常保守，可是他们的民主天性以及环境的力量造就了一种可以迎接最激进的革命所带来的一切后果的教育制度。……在她们的影响下，学生们很容易把学问和思想方面的东西与生活中活生生的事情和感情分割开来，这种分离现象可以说独具美国特色。"（第二章）"保守"者，"阴的美国"是也；"革命"者，"阳的美国"是也。"学问"、"思想"者，"阳的美国"是也；"生活"、"感情"者，"阴的美国"是也。桑塔亚那以为美国这阴、阳两面的分离，超过了其他民族。美国生活被视为一种"强溶剂"，总是能够把无论怎样顽强的"异己"之物，"中和并溶入本地的友好、自鸣得意、不爱动脑筋、乐天知命的氛围中"（第二章《学术环境》）。

早期的美国人是一批挥霍无度的浪子，不求进取的怠惰者、敢于拼命的冒险家，他们都是殖民家庭的产物。此后的一代人，出生在人烟稀少的广阔大地上，他们试图忘记以前戒律严格的道德规范，而采用另一种更愉快更人性化的生活方式。这是"真正纯粹的美国"。后来欧洲各国移民涌入这个国家，不为建立一个神圣国家，只为自由繁荣。他们或是犹太人、爱尔兰人，或是德国人、意大利人，不约而同欣然接受了美洲之生活环境与社会精神。他们一方面不知道这块大陆上早先是有严格道德规范的，一方面又力图摆脱刚刚离开的欧洲故国之道德规范。"如果我们何时忽略了这两种美国人之间奇妙而复杂的关系，我们在判断上就会出现严重的偏差。"（第五章《后来的思辨》）"早期的美国人"，代表了美国的"阴"的一面；"后来欧洲各国移民"，代表了美国"阳"的一面。

在美国，早期的多数殖民者开拓者就是比较特殊的英国人，但开阔的生活视野、快速的生活节奏，使得他们的一切跟英国有了不可思议的差异。美国人活泼而不顽固，自信而不谨小慎微，总想刨根问底还渴望引人赞叹，喜欢真诚、夸张而可笑的幽默，碰到英国人或想到英国人，他们会特不耐烦，感到恼火，因为他们觉得英国人过于僵化、缺乏想象力、思想负担太重。"不过，有一种属于英格兰的天赋或者说习惯不但在美国丝毫未变地保存了下来，而且在美国发现了更有利于显示其真正本性的环境——我指的是自由合作的精神。"（第七章《美国的英格兰式自由》）"跟英国有了不可思议的差异"，代表了美国的"阳"的一面；"丝毫未变地保存了下来"，代表了美国的"阴"的一面。

美国人会把一些次要的事情看得过重，因为他想急于赞美自己的东西，一听到别人的赞美就信以为真。他自己善于不择手段并能够发现不择手段的赢利行为，但却发现不了自己和他人最终目的中的虚荣心或邪恶用意，因为他在这方面很单纯。他认为生活无可指责，因而从不停下来思考生活中固有的许多愚蠢和恶毒。他觉得自己无所畏惧，无所隐藏，因而无须抱歉。他傲慢得不知道自己"无知"，因而他自我吹嘘的时候"眼里常常会熠熠生辉"。他一旦怀疑自己是在自我欺骗时，就要

4

求全世界为他证实，而一旦确信是在自我欺骗，其天真就会很快消失。虽然他在物质世界里热情地工作着，可是在精神世界中却只是"观望与等待"（第七章《美国的英格兰式自由》）。"不择手段"、"傲慢"、"物质世界"之类，代表了美国"阳"的一面；"单纯"、"天真"、"精神世界"之类，代表了美国"阴"的一面。

美国似乎在走向"绝对自由"的一端，而丢弃了"团结"与"合作"。英格兰式的自由是合作性的，所以它能够长久地持续下去，让所有明事理者为其效劳。"这种自由是美国继承来的最珍贵的财富，这笔财富比欧洲大陆、美洲大陆的原始财富更可贵。"（第七章《美国的英格兰式自由》）"绝对自由"固然令人愉悦，但为"团结"而牺牲，为"合作"而牺牲，同样是十分美好的事情。绝对自由与英格式自由是不相容的两种自由，人类必须在其间"作出痛苦而勇敢的选择"，美国亦必须在其间"作出痛苦而勇敢的选择"。英国剧作家约翰·韦伯斯特（约1580—1625年）曾谓："自由与团结，永远重要，它们是一个不可分割的整体！"美国真能倾听并听进此忠告，而维持其不走极端、阴阳互媾之"精神架构"吗？

* * * * * *

乔治·桑塔亚那1863年生于马德里，1872年入美洲，逗留至1912年。27岁至50岁，在哈佛大学获得学位并在那里任教。

课堂上他是一个气概庄严的人，一个和蔼的人，一个淡然远引的人。身材魁梧，容颜方正。目光则玄奥不可测，微笑则神圣不可近。讲课时声音洪亮，抑扬顿挫，均匀平滑如念祷告文一般。内容则错综完美如诗篇，深湛精到如布道。好像他不是在对听众讲话，而是在代听众讲话，句句都直扣内心，触及灵魂；而他本人却又能超然物外，与听众若即若离。

他品味高尚，被称为"一个西班牙贵族的心灵"，"地中海贵族主义和新英伦（New England）个人主义精美的化合"。Will Durant 这样称

5

赞他："……尤其是一个完全解放的心灵，几乎未染他这时代的气氛，讲起来声口好像出于一个来自上古亚历山大城的学者，用毫不惊异而超越的目光来看我们小小的系统，且用最宁静的理论和最完美的文章来破我们新做的旧梦。自柏拉图以后哲学几乎还没有打扮得这么美丽：这里充有意味新颖的字眼，结构精致的词藻，带着细腻的神韵和讽刺的机智；诗人就在这些丰富的譬喻中歌唱，艺术家就在这些刻镂的章句中表现。好极了，得见一个人能够同时感到美的诱惑和真理的呼声。"（《哲学的故事》之"现代美洲哲学家"）

自从他离开哈佛迁居英国，一直默默无闻，只写些小诗自娱。旁人都以为他的思想停止了，不料在 60 岁前后，他竟推出大部头《怀疑主义与动物信念》（*Scepticism and Animal Faith*），并谓此不过是"一个新哲学系统的引子"。这个新哲学系统，他本人命名为"存在王国"或译"存在之国土"（Realms of Being），包括"本质王国"、"物质王国"、"真理王国"、"精神王国"四卷。这个新哲学系统得到 Will Durant 高度的称许："这是大足令人欢呼起舞的，眼见一个 60 岁的人从头出发他遥远的新航程，著出一部书来，其思想的精猛，文字的完美，不让他从前的作品。我们现在必从他这部最后的开始，因为这实在是桑塔亚那思想全部的门径。"（《哲学的故事》之"现代美洲哲学家"）这个新哲学系统表现出了强烈的诘难传统与怀疑一切的倾向，采取的是一种彻底的怀疑论立场，以为任何事物的存在都是永远无法证明的，一切有关的"存在"（Being）的信念都是不合理的"动物信仰"。

桑塔亚那以为国家之大害，就在它变成为一架"战争机器"，一群人对于较弱的另一群，挥动着敌意的拳头。"得胜的无论是本国的军队还是敌国的军队，社会蒙其祸殃实际上简直没有差别"，他坚信没有一个民族会在"战争"中得胜，不管是发动战争的一方，还是受害的一方。假如一个大国所施的征服与并吞，促进了全人类的组织与和平，也还罢了。问题是这样的情形，似乎是没有出现过的。

桑塔亚那不同于斯宾塞，他并不迷恋"工业文明"。他以为"工业文明"固然是有和平的一面，同时又有战争的一面。他喜欢古代贵族空气中的安适，而不习惯近代都会中的热闹。他以为我们太重于物质生产了，以至于陷没于自己所造之"货物"中而不知，变成"货物居鞍上，人类当坐骑"。他以为每天一两小时的劳工，已足以供给人类物质上的需要。他以为美国正陷没在求生产的狂热中，无人理会闲暇的价值与艺术；英国人稍微聪明些，虽也同样陷入求生产的狂热中，但至少还有一部分人试图去了解闲暇的价值与艺术。

桑塔亚那跟柏拉图一样，厌恶所谓"平等"的理想。他以为让差等者平等，乃是最大的不平等。"贵族政体"有其优点，如世界几乎全部的文化均为贵族政治之成绩。但同时"贵族政体"亦有其缺点，如它抹杀家世卑微之优秀分子的前程，阻遏种种优能与价值的发展，只顾及某一极狭阶级的利益等等。它趋向文化，同时也趋向专制，几百万人做奴隶只为博得几个人的自由。他以为"民主政体"比"贵族政体"有进步，有改良，但害处也不少，比如它的腐化与低能，比如它特有的"专制"——迷信于全体的一律。"最可痛恨的专制莫过于一种庸俗而无名有实的专制了，它透遍一切，阻挠一切，它挟其无所不在的残酷的愚笨，将凡有天才的新奇的萌芽摧残干净。"

桑塔亚那向往着"贵族政体"下的"知足"。他以为所谓"近代生活"，就是"浑乱"与"卑鄙的忙碌"。"民主政体"似乎假设人人都是自由的，因而就把社会生活变成为"放任的工业主义的角力大比赛"。每个人的心灵都给"热炸"了，各阶级互相争斗，毫无约束，没有一个人懂得"知足"为何。这是"革命"所招致的"天谴"。而反观"贵族政体"，那里的教训是以"智慧"为好，而不是以"自由"为好。那里的教训是"知足"，而不是"角力大比赛"。桑塔亚那以为"知足"，知自己所受自然的与社会的限制，要比"不知足"，比"贪得无厌"，能给一般人以更多的幸福。

"贵族政体"有其优，有其劣，"民主政体"有其优，有其劣，然则什么是一个理想的政体呢？非得要选择一种的话，桑塔亚那以为还是当选择"尚贤政体"（Timocracy），也就是和"庸众政治"相反对的所谓"贤人政治"。这种政治有一个为德高望重者统治的政府；它限于"贵族政体"，但却并非世袭；男女各得依其能力经一公开大道，直达国家最高职位；低能者无机会，即使他能博得民众的多数票。在此种政治下，道德腐败降至最低，科学与艺术因得精察明辨之鼓励而繁荣昌盛。这种政体下惟有最优者得统治，其余民众又能人人有一均等机会把自己造就成最优者，故这种政体不仅为"贵族政体"与"民主政体"之综合，更是集两种政体之优，而去两种政体之弊。此种政体正是今日混乱世界所苦求渴慕的。

　　桑塔亚那撰于1896年的《美感》，被视为"美国历史上第一部真正意义上的美学著作"。它从"自然主义"的立场来建构自己的美学体系，被理论家称为美学中"快乐说"的代表之一。他被称为"自然主义美学的杰出代表"（陈定家《从"客观化快感"说到"直观本质"论——桑塔亚那美学思想的发展历程一瞥》，《江苏社会科学》2003年第3期）。

　　桑塔亚那有敏锐的美感，此种美感没能使他去欣赏世间纷散的美趣，反而使他痛苦于世间事物的丑陋。他觉着人生的意义，似乎是难以寻求的。他曾把人生历史之意义及计划列为"哲学主题"，他又曾疑惑人生、历史到底有没有"意义"，有没有"计划"！他说："人生是值得生的，这是最必要的假设，要是不假设，就是最不可能的推断。"又说："圆全之中有悲剧，因为圆全所从出的宇宙本身就是不圆全的。"威尔·杜兰评论说："这里字里行间统含着某种黯然的抑郁，映见一个人隔离了所依恋所习惯的一切，一个飘零者，一个西班牙贵族而流徙入中等阶级的美国，潜隐的悲哀有时骤发出来。"他太着意于这种"不圆全"与人生意义的"假设"，所以他变得苛酷谑虐，少见"热烈而痛快的剧笑"。他超然不与世俗为伍，落落寡欢，孑然一身。他追问自己："智慧之本分究竟为何？"又自答云："是张着一只眼做梦，是离开世界而不去仇视它，是欢迎淹忽的美，怜悯淹忽的苦，而无时忘其为怎样的淹忽。"

桑塔亚那就是这样的一个时时"念着死"的人。他说："玄思之鹄的非他，只是尽量生活于永恒，摄合真理而亦为真理所摄合。"又说："智慧来自幻灭。"他对于"生"是过于认真了，以至于常常"念着死"。"念着死"是敲欢乐的丧钟。这样的"较真"就扼杀了生活的乐趣，忘记要生活下去，不应念念于死，而当念念于生，当欣然接受当下现成之事物，同时怀抱遥远完善之希望。

他对于"哲学"是过于认真了，以至于把哲学当成了人生"目的"。这样的"较真"就扼杀了哲学的乐趣，忘记了哲学本非让人退出现实生活，本非让人"出世"，而是让人"入世"，以一种优雅的方式"入世"。"幻灭"不是人生的目的，哲学的使命是要把人从"幻灭"中拯救出来，扶他到一条"生意盎然"的道途上去。"幻灭"并不就是目的与圆满，"幻灭"只是起点而非终点，"智慧来自幻灭"，但不归于"幻灭"。人生的目的是"幸福"，不是"哲学"，"哲学"只是通向"幸福"的一座桥，只是达至"幸福"的一种手段。假如我们把"哲学"当成了目的，我们终将陷入"了无生趣"的境地。

他的一位朋友这样描写桑塔亚那的"性格"："天性喜幽僻。……我记得一日在泊在索坦普顿（Southhampton）的巡洋舰上凭栏眺望，一群旅客方从小轮船拥上甲板登大轮船，有一个人只旁立在小轮船的舷边，带着沉静而自娱的游离，正留神在看同行旅客的匆忙和竞争，不待甲板上的人全散完自己也就跟了去。'不是桑塔亚那还有谁呢？'我傍边发出这样一声。于是我们大家觉得满意于发见一个逼真的性格。"

哲学史家威尔·杜兰则这样总评桑塔亚那及其哲学："最后，我们对于他的哲学恰正也该如此说法：这是真挚无忌地表现自己，在这里一个虽太沉抑，却成熟而精致的心灵，悄悄的把自己写在庄严的古典的散文里面。我们虽也许不喜它的沉调，不喜它凄婉的感伤一个消逝的世界，却在这里面看见了这个方死方生的时代完美的表现，在这时代里人

9

们不能十全的聪明而亦自由，因为他们已抛弃了旧观念，却还不曾觅得他们走向圆全的新观念。"（以上部分主要据威尔·杜兰《哲学的故事》之相关章节撰成）

* * * * * * * * * *

《美国的民族性格与信念》一书，由相成出版公司（Transaction Publishers, New Brunswick, U.S.A；London, U.K.）出版，约翰·约尔顿（John W. Yolton）撰写"新版序言"。

约尔顿在"新版序言"中认为作者桑塔亚那是一位"目光锐利的分析者兼评论家"，并认为他看问题具备"某种客观性"，因为他始终没有在哪个国家永久地安家落户。"他对英国和美国社会进行分析时的力度与准确性却是由于他就生活在这两个国家里。他在美国度过的岁月比在英国更长些，他生活在美国时，正赶上美国顺利发展的年代，当时美国虽然依旧受着英国老传统的影响，可是人们的生活和观念却发生着变化。"

约尔顿也注意到桑塔亚那撰写"美国性格"时，所受英国传统的影响。"当然美国观念与习俗的根源本来就在英国，因此写 19 世纪末叶的美国时，桑塔亚那不得不涉及英国的某些影响与差异之处。"在桑塔亚那心目中，"英国的知识氛围"是比美国新习尚，甚至比美国任何东西都更具吸引力的"精神"，因而其字里行间，常有对"英国传统"的赞美，对"美国精神"的"拒斥"。他赞美的那一面，就是所谓"阴的美国"；他"拒斥"的那一面，就是所谓"阳的美国"。

1912 年桑塔亚那离开美国不久，来到英格兰，从此再没有回过美洲。1914 年"一战"爆发，使他更加自我封闭，"自绝"于社会。他知道身边正在进行的战争，他知道每天都有无数人为这战争而牺牲，但他无法走出自我设定的圈子，走出自己钟爱的"独特性与个人自由"，去对战争发言，推动它或者制止它。他的笔下，依然只有"大自然"与

10

个人的"孤寂","大自然与孤寂仍温柔地围绕着我,它们似乎一直比其他所有身边的东西都离我更近"(写于 1918—1921 年间)。他以为知识分子唯一的快乐是"生活在精神之中",而不是投入战争与社会:"用思想社会代替物质社会,即是生活在精神之中,是去研究万物构成之世界的真实与美,而不是去关注世上具体个人之方方面面,也不是急功近利地去解决某些实际问题。这是知识分子获得快乐之唯一途径,因为知识分子不会满意于一个变动不息、挫折不断、永有缺陷的世界。"

桑塔亚那写"美国精神",知道自己是带了"有色眼睛"而写的,是带了"偏见"而写的。他认为每个人之好与美的标准,均有其局限性,这局限既源于"他所处的环境",也源于"他本人的个性","他不应指望他认为好或美的东西,别人也都认为好或美,不应指望那好或美的东西,能长久在世上保持下去"。布鲁斯·库克利克(Bruce Kuklick)反对这样的"局限性",认为这使桑塔亚那变得尖刻,导致他"不能正确评价知识分子的生活",导致他"对美国的评论之参考价值大打折扣"。尽管库克利克还是肯定桑塔亚那是"美国寥若晨星的文豪之一",肯定桑氏此书乃是"评述民族性格特征以及 19 世纪末期美国文化状态的权威之作"。

约尔顿则对此种"局限性"抱较为宽容的态度,认为桑氏此书中固然有他"对文化和社会的种种偏见",但我们毕竟还能从中找到作者之哲学的"许多主要论题"。约尔顿评论说:"他对美国人性格特征与信念研究的重要意义,在于他把此项研究与社会结构联系起来了,并着重探讨个人价值、个人需求、个人态度及其社会表现,或其所受之制约,尤其是它们之间之相互关系。桑塔亚那已自知自己只是从某个角度着笔的,自知自己之整套价值会使自己的分析带上局限性。"

《美国的民族性格与信念》主要由"给英国听众所做的演讲稿构成"。第三、四章是在剑桥大学"本地夏季讲演会"上讲演(1918 年)之修改稿;第五章为在"不列颠学会"及"鲁利塔埃·赫茨演讲会"上之讲演稿（1918 年 1 月），原题"美国的哲学观"，曾由"不列颠学会"出版。书中某些章节曾被收入美国选编的一些集子（1934—1977 年）。书曾部分被译成德文（1936 年）与意大利文（1939 年）。

阿尔文·约翰逊（Alvin Johnson）1920 年 10 月在《新共和》（New Republic）杂志撰文，称赞桑塔亚那是"杰出外国观察家之一"："自从桑塔亚那当年踏上美国的土地，直到今天，人们对他仍像当初那么陌生。……（他是）帮我们了解自己的众多杰出外国观察家之一。……其他描写美国的观察家，目光没有他那么锐利，头脑没有他那么清醒。"

欧文·巴菲尔德（Owen Barfield）1921 年 3 月撰《新政治家与民族》（*New Statesman and Nation*）一书，称赞桑塔亚那是"在思想与社会批评范畴中仍然在世的最伟大的批评家"，称赞《美国的民族性格与信念》是"了不起的散文"："如果不能立即看出其作者并不是记者，不是像记者那样巧妙地揭示民族弱点上的表面现象，那么要想读懂《美国的民族性格与信念》是困难的。……（他）为美国心理学照亮了道路。……那是一种给人带来无穷乐趣的风格。实际上他写出的是了不起的散文。"

美国思想史专家拉·巴·佩里（Ralph Barton Perry）1921 年 5 月撰《标度盘》（*The Dial*）一文，称赞桑塔亚那描写"美国精神""可能已经足够准确"且"风格高雅"："这部作品从头到尾都心平气和，风格高雅，不时闪现出智慧的光辉。"

本·雷·雷德曼（Ben Ray Redman）1921 年 8 月 7 日在《纽约时报》（*New York Times*）上撰文，称赞桑塔亚那此书"鞭辟入里"："桑塔亚那具有思维敏捷、鞭辟入里的风格，字里行间闪烁着耀眼的幽默。……我们可以看出桑塔亚那笔下的威廉·詹姆斯和乔赛亚·罗伊斯热诚、充满爱心，有鲜明的独特个性。他对他们迥然不同的方法论的分析，采用了经私人交往得到的材料。"

约翰·约尔顿"新版序言"则立足于"阳阴二分的美国"评论桑塔亚那："他曾对听他讲演的加利福尼亚的听众说过，传到美国来的哲学已经变了味，其陈腐的味道业已影响了国内的学院派哲学。他为美国精神画了一张具有两面性的图画。其中的一面涉及宗教、文学、道德问题，这一面倾向于维持传统的旧教条；另一面涉及工业、文明、社会结构的新发展。前者总是跟不上后者的步伐。美国的这两种心态保持着不稳的平衡，彼此并不真正地相关。桑塔亚那探究第一种心态的来源，结果发现其来源是加尔文主义和罪孽感，这是一种跟新国家、跟实际利益高于一切的原则不协调的态度；但是这种态度却依然存在（尽管隐隐约约），出现于罗伊斯的哲学中，间接影响到学院派严肃的专门家。哲学家中只詹姆斯、文学家中只惠特曼抛开了旧有宗教倾向之传统态度。桑塔亚那对学院派哲学（学院派只将哲学视为一门学科）的评价，完全是负面的。"

桑塔亚那视哲学为"个人的有独到见解的创造"，视哲学为一种"晦涩的、危险的、未经检验的东西"，而并非一门学科，"还没有成熟到可以在学校教授的程度"。他批评哈佛大学的教学说："在学院的教学科目中，大部分课程本可以由助教去负责，然而却由教授正式授课，而且教学的科目太多，又有大量的重复内容，听这些课之年轻人，常常心不在焉。他们人文学科基础很差，求知兴趣不强烈。"他尤其严厉批评那里的"年轻哲学教师"："他在学校里学到的知识净是花架子，谈不上深邃；风度让人感到可悲；社会压力与自身急功近利之心态，注定使他忙得焦头烂额——忙着参加委员会之会议、年纪轻轻就有了家室之累、笔头稚嫩却开始著书立说、外加每天硬着头皮上两三次课。"

这里所评的是 19 世纪与 20 世纪之交美国"肤浅、浮躁"的哲学界。一个世纪过去了，我们把桑塔亚那的批评放到 20 世纪与 21 世纪之交的中国哲学界，可谓恰如其分！同样的是"忙得焦头烂额"，同样的是"忙着参加委员会之会议"，同样的是"年纪轻轻就有了家室之累"，同样的是"笔头稚嫩却开始著书立说"，同样的是"每天硬着头皮上两三次课"，总之一句话，同样的是那么"浮躁"！哲学不再是"个人的有独到见解的创造"，不再是"显示人之本性"的思维的冒险，而是一门"学科"，一种"职业"，一分"谋生的手段"，一块争名逐利的操场……

一个世纪之前桑塔亚那的思考，在西方也许已经过时，但在当今中国却依然是活的。他所描写的"美国精神"，仿佛就活在当今中国。"他山之石，可以攻玉"，熟读桑塔亚那的文字，也许会启示我们找到一条"起死回生"的路——精神上、人文上、哲学上"起死回生"的路！

前　言

　　这部著作的大部分内容原来都是讲演稿，讲演的对象是英国听众。我在原稿的基础上增添了许多新内容，既然完整内容的读者会是美国人，那么我也就不用为保留了一个超然评述者的口气和态度而道歉了。"像别人看我们那样来看自己"便能真正地看清自己，这种说法是毫无依据的。正相反，我同意斯宾诺莎的说法，他说别的一些人对一个人的看法往往能更清楚地表现那些人的性格而不是那个人的性格。目前我接受斯宾诺莎这一原则，愿意将它应用在这部书里的评价中，因此读者在书中看到的主要是我自己情感的表达和我个人意见的流露。只有美国人才能道出美国人的心声，而我并不是美国人，只不过是在美国待的时间较长罢了。①我竭力像家里的朋友理解一个家庭那样去理解它，而这位朋友可能跟他们性情不同。不过，实际上我所说的只代表我个人的意见或者说我希望如此。当然，跟我在这里所讨论的事物的容量与命运相比，我的意见是无足轻重的，可是批评家和艺术家也有他们的权利，冷静而长久地坚持一个的观点似乎恰恰是对真理的热爱。此外，我觉得在美国许多人私下里跟我有同感，包括美国本国人和外国人，他们可能缺乏勇气或者没有机会直抒胸臆。说到底，正是对美国和对美国哲学家的了解帮我理清并稳定了自己的思绪。我没有什么个人打算，只想锤炼自己的思想，希望在这个过程中能反映出事物的部分真理。我自信不会严重地冒犯那些有真知灼见的人，因为他们将感到正是对美国人民的热爱使我希望他们的生活不应缺乏最好与最美的东西。

---

　　①也许我还应该讲明自 1912 年以来，我一直不在美国。我的观察贯穿了我离开美国之前的 40 年（其间也有暂时离开的时候）。——原作者注。（后面正文中的注释皆为译者注）

人类文明也许又要遭遇时不时会来临的漫长的冬天。从地狱涌出的野蛮的洪水也许会很快摧毁我们那些信仰基督教的祖先所创造的一切美好的东西，就像两千年前那场洪水摧毁了古人所创造的美好的东西那样。富于浪漫色彩的基督教世界——景色如画的、热情洋溢的、间或出现不愉快插曲的世界也许就要落幕。即便出现这样的结局也没有理由绝望。任何东西都不会永不消亡，然而生命的柔韧与顽强是奇妙的，即使世界失去了记忆，它也不会失去其青春。洪水下面，各类种子受到水的滋润，终将存活下去。在新的环境里，无论那些种子发出什么样的芽，无论长成的东西样子多么不可思议，它们终归成功地死里逃生。在美国，已经于不知不觉间多多少少地发生了这样的毁灭与复苏。人们对过去的东西或者来自异域的东西多有遗忘、多所失敬，但是也积累下可观的活力、优良品德和希望。这是以前任何一个民族都不得不具备的优势。有时候美国看起来很贪婪、总想出人头地，其实这只是对成就感的追求，也谈不上什么存心不良。美国人民是个无所畏惧的民族，你从他们的眼睛里和姿态上看不出什么恶意，即使他们的行为并不能证明这一点。这里的土壤适于各样的种子，因此稗子在这儿大量生长。不过，这里不同样也适于培育清醒的思想、诚实的评判、理智的幸福观吗？的确这些东西未必非有不可，没有这些美国也许会像过去许多野蛮之国那样长久地保持国库丰盈、人丁兴旺。然而若是那样的话，这个民族就会被欺诈、悔恨所纠缠，美国人目前所遭遇的就是这种情况。祝愿苍天攘除凶煞，让这块新大陆成为比以往更美好的地方！在欧洲浪漫的古典派传统中，爱是由美激发出来的，而那里美很多，爱却极少。或许道义上的化学过程能够扭转这种现象，在未来的美国爱会培育出美。

第一章

道德背景

众所周知，正是那种抽象的激情促使英国的清教徒来到了美洲的海岸，他们来的目的是想过一种精神上感觉更完美的生活。他们在荒野上建起了自己的教堂，然而他们的移民之路并未终止，他们仍然面对着无涯的精神迁移，他们要逃离殖民地上新的宠儿，逃避被奴役的命运以争取自己的成功，要追求精神的自由和永恒的真理。

　　19世纪中叶，新英格兰呈现出一派其乐融融的和平昌盛景象，人们心中也都感到暖洋洋的。历史文献的记载笔触欢悦，展示了那个黄金似的时代有多么灿烂辉煌。地灵人杰，诗人、历史学家、演说家、传道士不断涌现。他们之中大多数人研读过外国文学作品并且有游历四方的经验，他们是知识渊博的人道主义者。然而，这一切只是金玉其外。这些知名人物在生活中思想贫乏，观念单纯，他们的观念还停在美好的旧时代那纯净的水平上。有时候，他们拿出本地的一些问题进行讨论，试图通过这样的讨论使自己的脑子恢复活力；他们希望证明新大陆（美国）为诗歌提供了丰富的素材。他们写出了《瑞普·凡·温克尔》①、《海华沙之歌》②、《伊万杰琳》那样的作品，可是这些作品跟斯威夫特③、奥西恩④、夏多布里昂⑤的作品相比并没有显示出多少美国特色。这些文质彬彬的作家缺少本土的根基和新鲜的营养，

---

　　①《瑞普·凡·温克尔》，美国作家华盛顿·欧文所著《见闻札记》里的一篇短篇小说名及其主人公姓名。小说叙述温克尔为躲避悍妻而藏身深山，沉睡20年后发现妻子已故，住屋已成废墟，世间发生了翻天覆地的变化。

　　②《海华沙之歌》，美国诗人朗费罗的长诗。

　　③斯威夫特（1667—1745），英国作家，讽刺文学大师，《格列佛游记》的作者。

　　④奥西恩，传说中的3世纪爱尔兰英雄和吟游诗人。

　　⑤夏多布里昂（1768—1848），法国早期浪漫主义作家。

美国新英格兰地区的乡村

新英格兰是美国东北部的一个地区，包括马萨诸塞、罗德岛等六个州，1614 年由英国船长命名，后由英国的清教徒开拓。17 世纪建立了公立学校及哈佛（1636）和耶鲁（1701）等高等学校。

因为美国人的知识领域本身就缺乏这两样东西。他们的文化有一半是顽强地幸存下来的东西，另外一半则是刻意习得之物，它并非是活生生的历练自然而然孕育出的果实。后来也出现过一些令人钦佩的善于分析的小说家，他们如实地描述了美国的生活，然而他们的描述却甚为刻薄、甚为伤感，仿佛生活中的欢乐以及欢乐的幻想对他们毫无触动，他们只是对自己的写作有一种抽象的兴趣。像沃尔特·惠特曼那样的作家虽然也把笔锋深入过美国土地上生发出的情感与形象，并且在其中注入了大量个人的灵感，但是他无疑未能成功地写出有教养的美国人的意识和心态，他笔下的美国人的头脑与躯干好像是分离的。

不过也有值得庆幸之处，那就是美国的纯文学毕竟并不局限于新奥尔良，这样的纯文学总是在两个方面与美国伟大的民族实验保持着接触。一种接触是诗歌与讲演的接触，尤其是宣扬爱国、宗教、道德内容的诗歌，其作用就很像讲演。如果说交谈是贵族的艺术，那么雄辩则是共和国公民的艺术。在公众集会以及宴会上，在布道台前或报刊上，雄辩可以唤起众人的激情，可以使被束之高阁的准则得以重新发挥作用，可以将民族休眠的豪气和灵气调动出来。行动会遇到问题，问题引起思考，把思考出的见解通过演讲发表出来，便能指导或推动行动，有时候在这个过程中还会使思维能力得到显著的提高。尽管美国人以及许多其他民族的人通常说思考就是为着行动，但是显然只有把行动思考得一清二楚时，人们才算得上是真正有生命的人、完全积极主动的人。这时即便他们什么都不做，他们也会终于发现自己存在的价值。思考本身是生命所具有的天赋，而且是一种高级天赋。现在我们来说另一种接触，在这个接触点上美国文学与这个民族的活动融合起来，这也是文学驻足欣赏民族活动的时刻。每种动物都有它正经的欢乐时刻，这时它会摆出喜悦的姿态或梳理一下自己的羽毛或进行思考；有时候它甚至会欣喜若狂，啁啾地歌唱着飞向云霄。人的情况与此有几分类似，当人的思考占支配地位时，它可能会转变为激动的情绪；它可能创造出宗教或哲学——这可是比人们日常想打破的无聊生活更刺激的经历。

在美国，这种精神上的纯净的火焰并不是后来获得或来自异域的新东西。众所周知，正是那种抽象的激情促使英国的清教徒来到了美洲的海岸，他们来的目的是想过一种精神上感觉更完美的生活。他们在荒野上建起了自己的教堂，然而他们的移民之路并未终止，他们仍然面对着无涯的精神迁移，他们要逃离殖民地上新的宠儿，逃避被奴役的命运以争取自己的成功，要追求精神的自由和永恒的真理。精神世界总是包括那些未被发现过的、人烟稀少的大陆，这样的大陆总是愿意接受那些喜欢探索而不是墨守成规的人。美国人是著名的预言家；他们将道德标准应用于公共事务；他们脾气急，热情高。他们的判断带有深刻的思辨含义，他们往往把自己的意见解释得非常清楚。他们讲原则并且喜欢把自己的原则表白出来。此外，他们十分推崇自力更生；遇事自己拿主意，这不仅是一种习惯而且他们还把它看作一种自觉的责任。生活中个人立场的改变以及对神秘经历的追求常使他们那原本根深蒂固的信仰变得貌似新奇，他们这样做可谓很大胆、很激进。从传统上观察，他们常为宗教问题困扰，在宗教问题上比世间任何其他民族都表现得更为随波逐流。如果说宗教是梦幻中的哲学，那么哲学就是清醒时的宗教，像老一代的北方佬那么清醒又那么笃信宗教的民族本该有数量可观的哲学家。

从古老的意义上说，哲学关注事物的本质，为的是能够充分利用它们；实际上，在美国人的生活实践中、在他们幽默的性情里，从来就不乏这种传统意义上的哲学。他们往往用幽默与机智对上流社会某些习俗的缺点提出婉转的批评。虽然大家都默默地接受那些习俗，却又感到它们有害处，因为它们违背了实际生活的原则。在惯有的虚伪面前，人们往往会退避三舍。然而对于本地土生土长的哲理，那些富于机智的人也并未认真对待。他们既无空闲也没有足够的智力去琢磨与维护他们朴实的感性认识所暗含的真理。他们那些颇有启发性的见识也只出现于茶余饭后的闲聊。在严肃的场合，他们会诚惶诚恐，早把自己那些见识抛在了脑后。人们所尊崇的倒是官方的那些零碎哲理，或者说是官方的那整套东西，人们习惯于继承或者说引进冠冕堂皇的"至理名言"，就像他们尊崇歌剧和艺术博物馆那样。在社会上，熟悉这些冠冕堂皇的东西是件体面的事，这就如同家里拥有整套的银餐具。对问题的高见必须召之即来，就像家里的烛台，也许上面并没有蜡烛，可是有时候在房间里当作装饰物摆一摆，在电灯的照耀下也会闪闪发光。即使在威廉·詹姆斯的著作里，尽管他的文笔自然流畅又很有鼓舞性，我们还是能感受到他那隐约的惴惴不安；他走出了房门，来到本应充满阳光的地方，可是殿堂的巨大阴影却挡住了阳光。他为必须相信的东西担忧，也为这种强行让人相信的现象担忧。任何他称之为愤世嫉俗的观点统统都被置之不理，没有人会沉吟片刻想一想那观点是否正确。为着不放弃自由意志、往昔的精神以及其他守护神，他决心找出新的经验论的理由。没有人（刚过去的 10 年也许可以除外）曾试图填补他日常的信念与哲学"问题"之间的沟壑。自然与科学未被忽视，一些学校也经常提到"实践"；可是这些学校只是把哲学搞得难乎其难，而没有提供哲学所需的论据；他们没把哲学的功能置于已知事实的基础上，只是用它去解释已知事实。因此就出现了哲学与生活实践既相联又不相干的荒谬现象，就好比平日与安息日之间、美国方式与美国信念之间的关系那样。

如果传统处在真理的道路上，那么把哲学捆绑在传统上的做法将有极大的好处，好处是可以导致相互理解、导致哲学的成熟与进步。在这种情况下，脱离传统将会违背这样的事实：即尽管一个人思想很活跃，可他却不是自我的主人。遗憾的是，跟其他地方一样，在 19 世纪的美国，占主导地位的传统不仅飘忽不定、常常远离真理之路，而且它已是日过中天，其典型形态已经过时。一种哲学的道理可能会有很高的价值，但那是针对方法、针对其创始者的天资而言的道理，而不是针对事物而言的道理。它可能是综合与想象的功绩，宛如一首了不起的诗，表现了存在的一种永恒的潜力，尽管造物主创造这个世界时碰巧冷淡了这种潜力。人们可能会成为伪哲学家的专家，实际上那比成为精通真理的行家更容易，因为人们可以随心所欲地将伪哲学搞得很简单、很和谐。在新英格兰很吃得开的传统大师们就是这样的专家，例如加尔文①、休谟②、费希特③，更不用提其他更具特色的专家了，因为他们的伪哲学家还不够到家。不过这些貌似完美的错误的东西也有一个弱点，那就是它们难以传世或传到别的国家。例如，假如乔纳森·爱德华兹④是个信奉原始力的加尔文主义信徒，或许他会成为美国有史以来最出名的伪哲学大师，那么他就要付出很高的代价：甚至当他在世时就会被他自己的宗派抛弃，

---

① 加尔文（1509—1564），法国神学家，16 世纪欧洲宗教改革家，基督教新教加尔文宗的创始人。著有《基督教原理》，否认罗马教会的权威。

② 休谟（1711—1776），英国哲学家、经济学家、历史学家，不可知论的代表人物，认为知觉是认识的唯一对象，否认感觉是外部世界的反映，主要著作有《人性论》、《人类理智研究》等。

③ 费希特（1762—1814），德国唯心主义哲学家，认为真正的知识只能是"自我"的创造活动，强调自我的能动性，主要著作有《知识学基础》、《人的使命》等。

④ 乔纳森·爱德华兹（1703—1758），美国基督教清教派神学家和哲学家，为正统宗教改革提供哲学论证，主张合理宗教，认为真正的德行应是对上帝的爱，著有《意志自由》等。

会看到世人对他的逻辑充耳不闻，甚至不屑于进行反驳。近来的思辨有一种特色（尤其在美国），即仅仅因为感觉上的变化就丢弃了观念，根本不寻求新的证据或提出新的理由。今天，我们并不批驳我们的先辈，我们只是愉快地跟他们告别。即使我们所有的基本信念都因循守旧，我们也不愿意公开地服从权威。于是像加尔文、休谟、费希特那样的大师就宛如令人生畏的幽灵耸立在他们的美国崇拜者面前，尽管那些大师既陌生又难以捉摸。人们不愿受任何理论体系的束缚，即便是他们自己的理论体系也罢。他们满足于多少知道点某种哲学的东西，满足于用它去解释一下那些碰巧吸引了他们注意力的事情。甚至连爱默生①和威廉·詹姆斯有独到见解的哲学也未能逃脱这种被人随便提一提的命运。他们发现了认识旧信念的新方法或者解决旧有的二难推理的新手段。他们不是经院意义上的任何人的弟子或精通任何学派的大家。即使他们知道经院式的方法，他们也不喜欢用它来表述自己的意见。他们坚持个人的新风格，不愿将自己的思想表达得很明确，除非那思想碰巧本身就很清晰。他们的逻辑往往晦涩难懂。

我们必须记住自从苏格拉底那个时代以来，特别是基督教创立以后，就常出现欺诈现象。某些誓约阻碍了对真理的探求，事先便把可能出现的结论分为可接受的和不可接受的、有启发性的和骇人听闻的、高尚的和低劣的。人们不再对哲学的根源感到疑惑，而是有时对受欺骗感到恼火，有时候又对知道了真相感到恐惧。在存在里面，发

---

① 爱默生（1803—1882），美国思想家、散文作家、诗人，美国超验主义运动的主要代表，强调人的价值，提倡个性的绝对自由和社会改革，著有《论自然》等。

爱默生

　　爱默生，美国散文作家、思想家、诗人。他的讲演辞《美国的学者》，宣告美国文学已脱离英国文学而独立，被誉为美国思想文化领域的"独立宣言"。即便如此，桑塔亚那仍然认为 19 世纪的美国人对爱默生学说仍不够重视，这是 19 世纪的美国大形势决定的。

亮的和不发亮的东西浪漫地混合在一起，其奇异之处不再像茫茫大海那样可供人们去做智力冒险，引诱有才智的人根据已发现的规律去琢磨天地万物的某种需要胆识的奇妙体系。正相反，人们面对着正统观念（虽然并不总是同一种正统观念），小声传播着种种奥秘，发出一连串的咒骂。他们的才智全用来解决传统问题，其中许多问题都是人为的问题，还有些问题则是占主导地位的正统观念通过其随意的假设所制造出的。因此人们就在某些极显然的真理中发现了难题；有些浅显的寓言一旦被联想神圣化，拿来相互一比或跟事实相比，就会出现荒谬之处；许多实际的现象被证明不可能存在或者被虚假的描述所掩盖。在保守的学校里，学生学习并试图透彻理解被普遍接受的解决办法；在开明的学校里学生也许可以寻求自己的解决办法，可是那解决办法也是针对一些老问题的。如果自由只是名义上的自由，那么它就是一种临时性的自由；无论你有所收获的那个领域跟正统观念多么风马牛不相及，只要你离开正统不及时回返，那么你就是个误入歧途的人；如果你与正统的要求不符，那么你就会被指责为浅薄。大多数有才智的人都被这种诋毁吓倒了；然而就连那些对诋毁满不在乎的人也不能幸免，他们不禁会感到若坚持把铁锹叫作铁锹自己就显得太无礼、太不懂事了；或者如果他们灵机一动的念头太真实而不适合正统，他仍然会不知不觉地形成跟权威的意见完全不同的看法，因此他们的方法同样是不正确的——这是在向他人的错误上税。只有为数不多的像斯宾诺莎那样伟大而甘于寂寞的智者能够完全毫无怨恨地忍受诋毁或者能够遭受恶意的挑衅而不受影响。

在这种情况下，显然只有正统观念有所收敛，给没有偏见的探索让出越来越大的空间，或者（如开明的路德宗教徒那样）只有正统观念的心肠已经变软、已经开始接纳最为异己的东西并且准备变成对任何人都有魅力的思想观念——只有在这时，思辨才会变得坦率与愉快。这就是英国和美国近一百年来的秘密——是它们的先验论哲学得以大为流行的秘密。这种方法可以使一个人在内心里更新他所有的观念（科学观念和宗教观念），赋予它们新的地位与解释，使之成为自己不同时期的经验和想象，于是在他看来他似乎不拒绝任何东西、不受任何约束，他只服从有创造力的自我。这种先验论的方法其实是一种个人的、需要勤奋的却徒劳的方法，它需要时时更新。虽然许多人并不想应用这种方法，却对这位或那位先验论哲学家的成果或格言有深刻的印象，例如"每种意见都会导致重新解释它的另一种意见"或"有一利必有一弊"。这些人用自

耶鲁大学法学院

  耶鲁大学位于康涅狄格州的纽黑文镇，建于 1701 年，1717 年更名为耶鲁大学，以纪念英国富商和慈善家 E.耶鲁的捐助。耶鲁办学早期注重古典学科，严格坚持正统的清教派观点。

认为与自己息息相关的宗教信念验证了这些观点。

　　尽管有这种深层的重大转变、其锋芒也大有收敛，新英格兰的传统信念还是保持了它的连续性和宗教式的热忱。宗教教师与哲学家们可以悄悄地背离加尔文主义，甚至背离基督教教义，而不会影响地位的提升或严肃的形象。他们发现逃避"过去"很容易而且感到很痛快，因此对"过去"也就没有抱怨了。他们觉得世界是个很安全的地方，慈祥的上帝关照着它，而上帝要求他的孩子们回报他的只是他们的快乐和彼此间的友善。美国国旗宛似天空上的一道彩虹，预示着一切暴风雨都已经结束。或者即使有暴风雨来临（譬如那场南北战争），它们也并不难战胜，而且还能考验民族精神、提高民族精神的功效。如今我们还看不到威胁美国的更难对付的危险——人们对物欲的贪心追求还没达到有什么不好的兆头的程度，商业、企业发展的压力还没影响到老式的生活，或者还没有跟旧的道德和谐格格不入。新型的美国人还没出现，也就是说那种无教养、一意孤行、孤儿似的四海为家、在举止上自以为是可是在道德上却把握不住自己的人。对这种人来说，性格耿直的老式美国人几乎就是外国人。《圣经》中的"增加"不就是"利益"的代名词吗？"充裕"不是就等于或者几乎等于"幸福"么？

　　同时，各教派对自己的过去也感到有些羞愧了，它们开始赞颂如此美好的世界。虽然被认为主张"因信称义"，可是它们却并没能预言世界的末日，或者提供躲避世界毁灭的办法，或者宣传对这种毁灭的蔑视。它们的存在只是为它服务，它们最神圣的信心是世界需要它们。无宗教信仰、放荡、悲观据认为会自然而然地并肩而行，但它们绝不可能兴盛；它们跟效率不相容。效率是最大的考验。我曾听到耶鲁学院的院长对集合起来的学生喊道："做基督教徒。做了基督教徒你们就会成功。"宗教只要不走极端，它还是必不可少的、神圣的。然而神学倒可能是多余的。为什么非得跟另一世界对话而分散这个世界的注意力呢？给今天以足够的关注才能从今天得到益处。宗教应该尽量与历史、与权势、与玄学脱离，应该真正落在人们美好的情感上、落在人们不屈不挠的乐观精神和对生活的信仰上。如果惊人的新发现总是出现在遥远的过去或外国，那么它也就算不上什么奇迹了。它应该直接出现在我们身边，应该比以往任何时候都更有说服力。如果进化论被认真看待，而且进化包括精神道德的进化，那么以往的伟大人物只是我们自己品格赖以上升的台阶。要进步就要包容与总结以往的一切有益的东西，并且增添合适的新内容。毫无疑问，某些历史人物的形象很漂亮，我们也不得不体谅巴勒斯坦当地有影响的人物，因为那里比马萨诸塞州要原始得多、落后得多。耶稣是比他的前辈更有吸引力、离我们自己更近的预言家；可是谁又能否认自他那个时代以来的两千年进步为爱默生、钱宁①、菲利普·布鲁克斯②奠定了更崇高地位的基础呢？把这种看法说得毫无隐讳也许有些不得体，他们之中的一位或者两位可能会反对这种看法。然而，在他们追随者的生活和格言中，可以看出这种看法却光彩熠熠。

---

① 钱宁（1780—1842），美国基督教公理会自由派牧师、著作家，信奉上帝一位论。1825 年组成美国一位论协会，主张神学人文化，反对蓄奴、酗酒、贫困和战争。

② 菲利普·布鲁克斯（1835—1893），美国基督教圣公会牧师，笃信自由神学和美国文明，曾长期任波士顿圣三一教堂牧师。

不过，这种开明的倾向却根本没有触动传统的正统观念的核心。有些人貌似很前卫却感到自己继承的是父辈的信念并且仍然忠实于那种信念，他们的感觉基本上没错。在 19 世纪末，在有高度文化修养的人的身上正统观念依然根深蒂固，背离正统观念会被视为可耻。正统观念认为天地万物完全为人类或人类的精神而存在与被支配。这种见解尽管看似傲慢，实际上却是一种软弱无力的说法而不是一种自豪的表现。灵魂原本就有生长能力，它能感觉到躯体内的甘苦。有行动力和捕猎、逃窜本能的动物也开始注意起外界的东西，不过动物主要关注的是那些东西是好还是坏、是友善的还是有敌意的、离得是远还是近。就动物对外界事物的认识来说，它所处的位置及其利益成了它衡量一切东西的标准。外界事物的好坏、善恶、远近对动物是生死攸关的关键点。只有理性才敢漠视这些幼稚的观察，通过互相比较来消除偏见，深刻认识日常客体活动的领域，同时发现快捷的原则或对外界每种事物的性质作出预测。但理性是这个世界上的后来者而且相当脆弱，习惯和道义假设的强大阻力常常妨碍理性发挥作用。西方世界里正统的宗教和传统的哲学正是为着自己的利益和恢复原始灵魂舒适生长的自由，才吃力地一步一步前进的，而印度的智者则不会干这种傻事。虽然从内里来看，这两种体系如今都并非不感到内疚，同时还有点忧心忡忡（因为它们与光明背道而驰），可是在外表上它们却道貌岸然。它们将许多伦理古训与自负或人道主义混合在一起，其混合的程度超过了印度人将伦理古训与对无限的崇敬混合起来的程度。它们崇拜人的利益，因此它们自然就研究它、恰当地表现它，但是那些看出了人类善举相对性的人常试图藐视它们（这种藐视本身并不理智），想把它们全都奉献给单纯的崇拜之情或单纯的绝望之情。可能除了最清醒时的希腊人之外，几乎没有什么人意识到做有理性的动物的愉悦与荣耀。

据我们所知，犹太人认为正是世界的创造者——天地万物的上帝将他们当作自己的选民。基督教徒则宣称是下凡的上帝亲自创建了他们的教会。按照希伯来人这种传说，人类的尊严并不在于人类有思考能力（人类无疑有思考能力），而在于人类在物质上受到特别优惠，并且比世界上的其他动物寿命更长、命运更好。在希伯来人的宗教中，这种对物质存在的兴趣竟然如此强烈，于是当我们按照其他民族的见识来理解时，我们惊讶地发现这种兴趣恰是无宗教信仰的本质。跟存在拉开一定的距离、跟得到丰富物质的希望拉开一定的距离，这种思想确实通过柏拉图哲学渗入了基督教。苏格拉底及其弟子赞美这个世界，然而他们却并不特别贪求这个世界或者说并不希望长久地生活在这个世界里，也不想改善它。他们所关心的是这个世界所表现的某种观念或某种美好事物，是超出这个世界之外的某种永恒的东西，在这种东西里可能确实容纳着思考的理智。苏格拉底的这种哲学和犹太人的哲学一样富有人文主义意味：如果说它并没有用简朴的方法去解释天地万物，那么它至少用艺术的方式解释了世界。对善的追求（人类大概总在做这样的追求）应该能够鼓励自然界中的一切活动，这种善近似于希腊哲人用智力获得的愉悦，天地间极愉快的事都因为有了这种善才不断出现。大自然即是位追求某种观念的哲学家，自然科学于是有了教化作用，如今这种教化作用依然没有完全消失。苏格拉底对天文学的要求是，如果它是真科学，那么它就应该表明太阳和月亮现有的状态是最佳状态。柏拉图说得更精辟，他让我们相信眼睛长在脑袋的前面而不是长在后面是因为前面才是更像模像样的地方，此外我们的肠道之所以长，为的是在两餐之间我们好有空闲研究哲学。奇怪的是，最终目标的敌人会受到感染，为了无情的利益而从反面给事实标上绝对的标准；在美国你可以常常听到"只要是存在的就是正确的"的说法。这些自然主义者虽然指责道德主义者的这样一种看法——自然界因我们的利益而受到奇妙的控制，他们却认为自然界的受控制状态还是非常可爱的，尤其是它藐视我们，只受它自身法则的控制。于是我们便在利己主义和偶像崇拜之间徘徊。

16 世纪欧洲的基督教改革运动并没能改变在天地万物中人类至上的信念或改变上帝有人的特征的信念。正相反，那场运动十分认真地采纳了那种信念（还有许多其他信念），不再把它只看成无足轻重的古典修辞上的说法，或者不再把它只看成依赖启示的神秘观念。人类、上帝的特选子民、基督的选民就像精神殿堂里的殿堂，然而最神圣的东西却是精神本身，是一个人自己的精神和经验，这才是一切东西的中心。新教的哲学满怀信心地在科学与历史领域中探索，确信发现了在其中行走的精神，它认真谨慎，不可能误述自己的发现。由于令人敬畏的事实不可能改变，就不得不对它们暗中做手脚。做手脚的方式是将心理学变成玄学，于是我们便可得出非凡的结论：人的精神与其说是世界的目的，倒不如说是世界中心，围绕着这个中心的是独一无二的世界。

这个结论从批判的角度或者说从科学的角度概括了唯心论，它并没有让宗教才俊觉得更舒服，因为他们需要的是大量的支持而不是崇高的独立。有了这种结论便有了费希特或尼采的狂妄自负，却没有出现静悄悄的湖边绿茵茵的牧场。然而唯心论中的批判成分可以用来摧毁自然界里的信念，通过这种做法它则能够为另一种唯心论开辟道路，后一点唯心论没有一点儿批判性，可以被称作高级迷信。它把世界看成一种神谕或字谜，其中隐藏着激动人心的整体性或公式或准则，所有经验的存在都是为了说明这种隐藏着的东西。将存在看成一种谜（其谜底出人意料，我们自以为已经找到了它）的习惯即是相当复杂的情感的根源。事实依然如故，相互矛盾的解释随时都会出现；我们偶然发现的那种解释也许并不特别令人感到鼓舞。基督教徒也许会受那种解释的影响转而变成异教徒，人文主义者也许会变成泛神论者，我们赖以本能地面对生活的希望也许历经磨难后变成了随波逐流的习惯。然而，无论我们的高级迷信结果被证明多么令人寒心、多么残酷，它终将使我们感到我们掌握了一种难解的秘密，我们有需要捍卫的信念，同时跟所有哲学家一样，我们握有一张彩票，如果我们由于意外地中彩而发现了事实真相，即便那真相是一片空白，我们也算拔得了头筹。

新英格兰的正统观念即便有了很大变化——变得不那么执拗，但是它当然仍难以独自坚守阵地。在每个时代，每个国家，都有本能上的唯物论者，也总有孤僻的绅士，牧师和教授们是难以骗得了他们的。这里或那里总会有医生或科学家或文人能够在自己的专业领域里悟出一些事物的共性；或者出现政治上的激进者，他们怀着难泯的愤怒，抨击一切对教会和国家的敌意不够强烈的意见。不过这些聪明人并没有组织起来，他们并非总是喜欢动笔写作，也没有足够的思索的习惯，所以还不能把自己的信念总结成一个体系。这就会造成一些对正统观念原本很积极支持的人以及一些一本正经的教师很自然地涌向另一个阵营。那些在自己专业领域里有一定水平的科学家和行家里手受自己那点水平的束缚而不愿将自己的知识进行总结归纳或者虽然进行了总结归纳却有片面性，因此他们的思辨就十分脆弱、十分模糊。他们所描述的东西以及他们所忽视的东西把他们孤立了起来，使他们鲜有影响，因为只有那些精通某一学科的人才能感受到从那个领域总结出的类比的效力，反之他们之中的任何一位都可能受情感和心理、甜言与蜜语的影响而动摇。此外，在美国，唯物主义学派缺少民众热情的支持；而在许多欧洲国家，唯物主义学派却通过与反教权主义或与革命的政治主张的联系得到了民众热情的支持。美国的唯物主义学派在主张上还缺乏成熟、自信与缜密；而在欧洲历史更悠久的社会里，清醒的哲学主张从总体上说就不乏这种成熟、自信和缜密，在那里数百年来，智者、批评家、名不见经传的哲学家、善于处事的人总是一起愉快地评论着他们的贺拉斯①、伏尔泰②、吉本③。神学家对无宗教信仰的恐惧完全渗入了普通美国人的心里，他们猜疑无宗教信仰便没有愉快的生活，更找不到通向本质、真理和可靠幸福的路。

　　还有一种不利条件，那是一种更具专门性的不利条件，跟在英国一样，在美国自然主义哲学也是在这种不利条件下费力地跋涉着。自然主

---

　　① 贺拉斯（公元前65—前8），古罗马诗人，从倾向共和而转而拥护帝制，作品有《讽刺诗集》、《歌集》、《书札》等。

　　② 伏尔泰（1694—1778），法国启蒙思想家、作家、哲学家，主张开明君主制，信奉洛克的经验论，两次被捕入狱，后被驱逐出国，著有《哲学书简》、哲理小说《老实人》，悲剧《扎伊尔》等作品。

　　③ 吉本（1737—1794），英国历史学家，写有史学巨著《罗马帝国衰亡史》六卷。

伏尔泰

伏尔泰（1694—1778），法国启蒙思想家、哲学家、作家，著有《哲学书简》等作品。他是欧洲历史上颇有名气的一位哲学人物，其哲学主张成熟、自信和缜密，这恰恰反衬了19世纪美国哲学家在哲学主张上的不成熟和不自信。

义哲学受到了怀疑论的阻挠，怀疑的是感性认识的正确性，这使自然主义哲学几乎变得与心理学完全相同。当然，对任何一个有自然主义思想的人来说（如同英国经验主义者，起初总像很幼稚的人那样思考问题），心理学是对动物王国里很表面、很次要的不同感觉复合现象的描述。它探讨的是心中奇妙的感受性和转瞬即逝的思想活动，这感受性和思想活动又是由身体的发育和变化所唤醒的。在注意这些思想活动和情感时，我们便可以观察它们在多大的程度上构成了世界的真知，因为它们就出现在这个世界里；还可以观察它们在多大程度上忽视了这个世界以及在多大程度上通过诗歌、话语句法跟世界耍花招；诗歌和话语句法都是它们从自己丰富的语言中创造出来的，因为幻想力是种多产的、变化莫测的东西，正如我们之中的每个人做梦时都会发现的那样。然而梦可以进入醒时的生活，于是有时生活就充满了梦，梦变成了生活的基础。我们每个人总是怀疑自己可能在做白日梦，怀疑演讲和传统也许会欺骗我们，因为正是演讲和传统早在 16 世纪欧洲宗教改革运动之前就曾怂恿固执的英国人放弃惯有的信念而求助于"经验"。由于每个人的文化和宗教背景中多少都带点外来的背景，他便急于除掉那些让他特别感到不安的诡辩和欺骗。他们认为经验将无可怀疑地证明事物的本质，因为通过经验，他便可以理解由与客体直接接触产生的认识。从这种意义上说，经验即是一种获得发现的方法，是对智力的运用，它同样是对事物的观察，它严密、带有积累性和分析性，是产生自然科学的途径。它以涉及自然的假定为基础（因为这样我们就可以知道在何时、从何处找到所需的论据），不会导致实利主义。英国的经验主义所以没有得出这种显而易见的结论则在于它民族气质的独特。英国人不仅对太多的推理、太多的理论有怀疑（科学与实利主义有大量的推理和理论），而且还喜欢左思右想、喜欢将自己的心扉封闭起来。因此英国人的经验主义是内省式的经验主义，就像莎士比亚戏剧里的哈姆雷特那样，往往停留在方法上。他们开始琢磨"思想"。他们首先关心的是如何抓住他们所经历的经验。虽然经验的存在不可否认，但是它出现的形式却不确定，于是他们便不相信它。对心扉封闭的人来说，经验的这种单纯的存在、这种幽灵般的出现即是经验主义哲学现在能够声称所发现的一切。它非但不是对智力的运用，而只是撤销了所有的理解、所有的解释、所有的本能的信念；它非但没有提供对自然界真理的可靠记录，而只是提供了一系列病态的事实，这样的事实只是哲学被动的论题。如今这些事实似乎是唯一值得采用的事实，而对哲学家来说，心理学则成了唯一的科学。虽然经验发现不了任何东西，可是一切发现都必须被撤销，以便它们回返到经验的事实并且在那里终结。显然，当自然背景和经验的意义就这样淡出画面时，经验主义就成了一种形式的唯心论，因为无论我们偶然遇到的客体是什么，它们都会成为我们心中"先验的理由"、"坚固的印象"、"感觉上的突出点"。若从这种心理学的角度来理解，对逻辑的嘲弄实际上就将英国的经验主义推到了先验主义和德国哲学的起点地位上。

经验这个词有时候指的是跟事物的接触，有时候又指纯粹的感觉。英国和美国的经验主义学派无可奈何地被这两者扯来扯去，他们从未表现出过选定其中一种的勇气与自知之明。我认为我们大体上可以说其观点是这样的：情感或观念是存在的绝对原子，它们没有任何背景或根源，于是它们那个世界的成分都是精神成分；然而它们又认为这些精神成分被放在了具体的时间，甚至某种空间里（因为同时存在着许多种精神成分）。因此这些哲学家在对实体的认识上是唯心论者，而对存在物的顺序与关系的认识上则是自然主义者。当他们想到个别情况时，他们所说的经验指的是感觉，可是当他们泛泛地去想历史或科学时，他们所说的经验却指宇宙的星云或地球上的瀑布（那是情感所构成的东西）——星云或瀑布都不是经验的客体，然而却是想象中存在的、很粗略地描述出来的东西。这些人在内心里很实用地相信自然，他们其实是实利主义者。可是在理性上他们却顾虑重重，似乎认为暗自持有一种见解比公开地承认一种见解更能够少冒风险。

如果他们之中的任何一位（例如赫伯特·斯宾塞）把心理学约束在

赫伯特·斯宾塞

　　赫伯特·斯宾塞（1820—1903），19
世纪中期英国哲学家。进化论的先驱，
被誉为"社会达尔文之父"。他比较厌恶
柏拉图学说，原因可能是斯宾塞是一个
怀疑论者，而柏拉图却是一个攻击怀疑
论的辩证论者。

其恰当的位置上并且还能仍然是个纯粹的自然主义者，那么他会常常
通过泛化手段，掩盖他从科学研究中得到的有事实根据的信息，结果
便丢掉了他的优势。于是高级迷信（即认为自然跟着某种无所不包的
公式或某种神秘韵律的指挥棒转的观念）又重新出现在那些声称为自
然科学辩护的人们身上。他们浪漫地赞同自然，同时又认为自然极为
赞同他们自己。他们忽略了自然无穷的复杂性及其频繁的嘲弄，竟然
憨直地相信他们可以用作来测量自然。哲学家们为什么竟然用语言编
织的玩具渔网在茫茫的存在物大海里拖来拖去以期捞起那里所有的鱼
呢？那张小网其实只适合捕捉蝴蝶。他们为什么不把世界上各种颇具
特色的科学所能告诉我们的东西直接记录下来呢？毫无疑问，将这些
各具特色的科学综合在一起时，它们已经为世界画出了一幅很奇妙、

很真实、很全面的画像。我们是否急切地想知晓一切呢？可是即便科学的范围已经扩展得很大，它还是在深度和广度上都有局限，世界上总会仍然有无数的未被发现的客观事实，我不想说仍然有大量的未解决的问题（因为"问题"是由我们的不耐烦和我们在看法上的不一致制造出来的）。自然就像个美女，无论你从远处看还是在近处瞧都同样真正秀色可餐。因此反反复复地去识别她是不是美女，不管是从远处还是在近处这么做都是愚蠢的行为，因为那会白费力气。在哲学上跟在艺术上一样，喜欢包罗万象的做法是危险的。自然的味道只能通过我们自己的感观和洞察力去品尝，一份整个世界的略图，即便不是粗制滥造的，也不会告诉我们许多值得了解的有关偏僻地区的信息。我们根本不是在暗示对人类的研究只能局限于人类本身，因为这种研究也可以涉及风景或数字。然而我们却可以有把握地说人们的研究应该不超出他们的能力范围并且能引起他们的兴趣。因此主要考虑人的生活只能把自然当作人的陪衬的伦理学家常常是比喜欢推测的自然主义者更好的哲学家。在人的生活中，我们会感到无拘无束，我们对生活的看法（如果是片面的）也会因此而表现出我们的性格与际遇。自然主义哲学家有一个令人遗憾的特点，即他们对人的内心世界的看法通常是肤浅的、令人厌恶的。他们对爱国主义、对宗教麻木不仁，他们讨厌诗歌、想象，甚至讨厌哲学本身；如果有修养的学术界鄙视他们（尤其是在他们的科学像常见的那样是虚构的、含糊的情况下），更愿意回过头去欣赏柏拉图或亚里士多德或黑格尔的童话，我们也不必感到奇怪，因为柏拉图、亚里士多德、黑格尔至少熟悉人类的精神。

哲学家们对其他哲学家总是苛求有加，因为他们的期望值太高。

即便在最为有利的情况下，我们也不能要求任何一个凡人掌握完整的真理或者真理的核心。由于从一个角度观察时，知觉只能让我们知道事物的某些侧面，只能向我们汇报象征式的事实，但是却难以充分反映我们周围事物的全部性质，这就像火车司机夜间所观察的象征着危险或可通行的彩色信号，因而我们的思辨（它是一种全景意识）常常从外围接近事物并且根据我们人类的经验来表现它们。现在的情况是一种正统观念多年来一直处于统治地位，这就扭曲了世界，使其变成了为道德服务的东西；同时甚至连那些持异端者都陷入了怀疑主义，那是一种严重偏见的、专断的怀疑主义，它用心理学（一门最缺乏独立性的、含混不清的科学）代替了对经验的直接而理智的解释。在这种情况下，我们的思想受到了主观主义多么大的感染啊！不过，主观主义的这种特性也并非在所有方面都是有害的，它是一种暖色的紫染料。当一种思想方法在土壤里深深地扎下根并且体现着一个民族的天性甚至一个民族特有的谬见时，它则会具有一种不受其真义控制的价值；它将构成人的生活的一个阶段，能够强有力地影响它在其中充当某些角色的理智戏剧。正是这种价值通常与现代哲学有关，尤其是与我即将讨论的美国思想家有关。假如用纯科学的标准，或者甚至用典型的聪慧标准来衡量美国的思想家，指责他们没有达到理论上的连贯性或者指责他们的理论条理不清，则有失公允。富有激情的人（其他人不算数）不是镜子而是灯光。如果纯粹真理恰好是他们热切地想要得到的东西，那么他们将一心一意地去探索它，在他们能力所及的问题上，他们很可能会发现这种真理。然而，发现纯粹真理的愿望（像其他愿望一样）要等到其本身成熟起来，遇到有利的条件时，才会实现。19 世纪的美国还不会出现这样的成就。在 19 世纪的美国，那些最博学的人认为自己是提问者、倡导者而不是心态宁静的哲学家（的确如此）。我们不应过分赞扬他们，把他们传统中和研究范围里所没有的功绩都归于他们，就好像他们已有的崇高（他们的道德心、活力、发现问题的及时性和影响）还需要填充似的。

第二章

学术环境

威廉·詹姆斯有个理论：如果有位科学家是个鳏夫又带着个马上要学走路的小孩，假如有人能说服他允许把孩子的脚弄出水泡，那么结果将证明当水泡痊愈时，孩子便自然学会了走路，就像练习过并摔过许多跤那样。因为他身上走路所需要的机能会自动成熟起来，就像子宫里婴儿的呼吸所需要的机能会自动成熟起来那样。美国老式大学的情况也许可用来支持这一理论。

　　从大约 1885 到 1910 年的 25 年里，哈佛学院出现了一批有趣的哲学家。为什么非得是在哈佛呢？只要哲学是对睿智思想的自由追求，在它所出现的环境里就必须有个性强、洞察力突出的人，他们有观察世上自己周围事物的习惯，他们每个人都有自己特殊的经验或嗜好。而哲学家当教授的现象只是偶然现象或者说几乎是一种异常现象。无拘无束地对一切问题进行思考是一种经模仿习得的习惯，而不是需要阐述的一个科目。如果哲学家有自己独到见解体系的话，那么这个体系也是模糊的、冒险的、未经考验的、还没成熟到可搬上课堂的，这倒不是说谁要是学习它就会面临很多的危险。正如罗伊斯喜欢引用《奥义书》①中的话所说的那样，真正的哲学家就像犀牛，总爱独自漫步。人们也料到可能会有人追随他，甚至会有人伴他而行，虽然对他来说与不少人为伍既有刺激又有危险。如果他走入了他们之中，在对某些观点进行辩论时，他仍将形只影单，因为他的同行者并提不出对别人说来很有说服力的论据，只能拿出跟他的思考大同小异的东西。正如苏格拉底所知，他的问题和答案的价值完全在于出自他思想深处的论点的萌芽，这种萌芽就像一个梦境或一位天神，还不知道将把他带

_____

　　① 《奥义书》，印度古代吠陀教义的思辨作品，是后世各派印度哲学的依据。

斯宾诺莎

斯宾诺莎（1632—1677），西方近代哲学史重要的理性主义者，与笛卡尔和莱布尼茨齐名。这位伟大的哲学家在干着简单低下的工作时，却一刻也未曾停止过哲学思考，而且简单低下的工作还使他比较容易地保持了思想上的自由，而这就是桑塔亚那认为的19世纪的哈佛学院哲学教授们所缺少的。

到何方。如果哲学家必须自己挣钱糊口而不是乞讨（有些哲学家认为自己的职业挣不到钱也只能变相乞讨），那么更保险的谋生方法是像斯宾诺莎那样去擦透镜或者蓄着白胡子、戴着黑便帽坐在参观者寥寥的博物馆门口，卖展品说明书并替人看管雨伞。在未来的共和政体里，这些合法的谋生手段不会影响他们的思考，还能让他们冷静地注目这个真实的世界独特的一隅，而他们要做的正经事恰恰是去理解这个世界。或者，如果性情温和又学究气十足，他们或许该去当教师，教点哲学以外的东西。或者，如果他们不会教别的只能教哲学，那么至少不要教他们自己的哲学而是教古典派的哲学，因为人类已经有了接受或抵制这种哲学的思想准备——最好是选择柏拉图和亚里士多德文明的伦理学和迷人的比喻，对柏拉图和亚里士多德的学说，大家都有所了解则是件很不错的事，没有什么人相信也不是什么坏事。真正的哲学家充其量也只能部分地完成其使命，而这会使他更好地把握自己的方向，或者他会有几个自愿的伙伴跟他风雨同舟。他难以大声疾呼或向一大群人发表演讲；他必须经年累月地保持沉默，因为他在观察缓慢移动的星辰，其运行轨道还是有可能预见的 (尽管很困难)。他就像正在用榨汁机将心中所有的东西都压碎，直到他的生命以及那些东西的秘密一起流淌出来。

在大学里聚集、培养哲学家的倾向不应是可以自由思考、高雅研究的时代的现象，这种经院式的做法属于中世纪和德国。其原因并不难找。当存在着哲学的正统观念并且要求思维成为辩护工具，为用金钱激励哲学研究的做法辩护时，哲学本身即变成了大家合伙研究的、守旧的东西，就需要有教学、资助、宣传的中心。基本的问题由教会、政府或时代思潮解决，教授 (其本人就是学校培养出来的) 的职责是把学问传授给下一代搞哲学的人，他的教学是否有点独到的见识或者是否有说服力，那就看他自己修来的水平了。信奉基督教的国家里所有的中小学、大学原先建立时就是要保持并阐释这种传统。如果说有时候哲学似乎在这些学校里只占了一个很小的位置 (例如在老式的美国学院里)，那仅仅是因为哲学这个学科的训练与教育都被笼罩在一种特殊的信念与伦理体系之下，这就造成了几乎没必要从理论上去教哲学的状况。即便在那些哲学争论很常见的大学里，哲学守旧和学究气的特点也同样很明显。它主要不是靠深思而是靠争论来生存，总是围着论据、异议、悖论、对策这些东西绕来绕去，似乎为的是将一切好像显然错误的东西进行重构，重构的方法无非是作点表面的巧妙变化或在论证上绕点弯。其论题与其说是对世界的认识，不如说是

1725 年的哈佛学院

那些时常很愚昧的教授彼此争论时所说的东西。要不然，当时代对经院哲学忍无可忍时，正统观念就会求助于直觉知识；由于担心只有形式而无实质，它也许会借故根本不考虑问题的逻辑性和可能性，只要能抓住貌似最受欢迎、最令人鼓舞的问题便万事大吉。这时教授们和蔼的说教就变得像牧师在传教，非常彬彬有礼、非常温柔。

哈佛学院当初建校时是培养清教礼仪和教义牧师的。随着加尔文主义的逐渐消失，就在那里留下了空白，那空白宛若一个空模子，于是在理性已有改变的这个世界上，表达同样直觉的一种哲学便得以不知不觉地注入并充满这个模子。学术界的团体就像社会上的人一样，会受也许已经忘记的早先印象的影响而长久地隐约摇摆。甚至当变化开始左右他

哈佛先生像

　　作为哈佛大学的最早，也是最重要的捐助者，约翰·哈佛的塑像永远地立在了哈佛校园里。

　　们理想的精神时，他们早先曾为之献身的使命感仍然会在他们的心中逗留不去，也许还会完全复活，就像 19 世纪牛津研究古文物和诗歌的天主教团体那样。在美国的学术界，柏拉图哲学和天主教哲学的传统从未扎下过根；只有加尔文主义的传统披着某种现代的伪装复活后，才在美国拨动了人们敬畏与热忱的隐秘心弦。哈佛是波士顿核心集团的神学院和书院，对一切以波士顿人为中心的自由主义运动和文学运动哈佛自然都会作出反应。在宗教方面，它先是支持唯一神教派，后来又持中立的态度。在哲学上，它一直满足于跟新英格兰的其他大学具有相同的水平，也就是说满足于学院院长的水平，因为院长职务通常由牧师担任，他总是把自己那崇高的观点放进毕业典礼时的讲道中或者放进他平时的系列讲座中，讲座的对象是四年级学生，内容是基督教教义或者进化论。这样的哲学传授对于 19 世纪中叶那些高贵的学者来说已经足够了，甚至对爱默生那样有造诣的哲人也不算少。然而事物不可能是静止的，而波士顿又是个有名的不平凡的地方。当本国文学的表现力似乎已经枯竭时，智力上的抱负就会采取其他形式。这是个科学的时代、哲学的时代、讲究历史学识的时代，德国的殊荣不会让波士顿安然地睡觉。既然波士顿有一座了不起的公共图书馆，同时还希望建一座了不起的艺术博物馆，它就不能建一座了不起的大学吗？从某种意义上说，哈佛已经是所大学了，因为这所学院（尽管只此一所）周围有若干个职业学校，比较著名的是那些法律学校和医学学校。在这些学校里，社区服务所需要的技能以及有前途的好职业所需要的知识都在教学范围之内，并且取得了显著的成功。这种职业学校的数量还可以增加（后来的实际情况也正是如此），直到各种职业的训练都有相应的学校提供。然而碰巧描述性科学、语言、数学和哲学是任何职业也用不上的学科，除非做教师把学到的东西再教给学生。除了把这种学科纳入学院的必修课程之外，则没有其他可行的办法将它们放进哈佛的教学系统，不然的话就筹不到钱，也找不到学生来学习这种装饰性的学问。

虽然这种情况看起来似乎是客观的并不相干的因素，可是我却认为它对哈佛哲学家的情绪和素质影响很大，因为它不但影响了他们教育年轻人的责任心和对教学投入的精力，也影响了他们思辨的积极性。教学是一种令人愉悦的、需要有父亲般的责任心的艺术，特别是当教学对象是聪明而又热情的年轻人的时候（大多数美国大学生都是如此）。可是他又像表演艺术，表演虽然要反复排练，却必须适合只看一次表演的观众。讲演者必须迁就听众的不耐烦心理、审美情趣、接受能力、固有的偏见以及他们的根本利益；他不应使他们感到厌烦，不能让他们感到困惑，也不应使他们感到沮丧。他的思想必须像流水那样永远活跃，必须严谨得能记录成文。讲座开始的铃声一响，他就必须直奔主题、出口成章；讲座结束的时间一到，他的话题也要刚好告一段落。就像《浮士德》中的恶魔靡菲斯特所说的那样，他总要留一手，不敢把自己最独到的见解告诉听讲者。可是由于他留下的那一手是精神上的东西，留下来常常等于丢失掉。因为那不仅仅是怕不被理解的问题或怕得罪人的问题；而对一百来张年轻的仰望着的面孔，一个人不会毫无顾虑地亲口说出自己的想法。为了心安理得地发挥影响，他需要某种支持。除非他觉得自己只是传达一种全社会传统思想的工具，否则他就会显得刻薄或轻率，或咄咄逼人。如果要求他讲课时风度优雅、态度谦逊、有说服力，那么就不能是他在讲课，而是科学和博爱在借他的口讲课。当时哈佛学院和美国教育的状况通常都对那里的哲学家有一种莫名其妙的影响：它要求哲学家有强烈的社会责任感，因为他们是头脑清醒的教师、是在指导公众，就好像他们是牧师；而当时的状况又使他们有同样强烈的精神上的孤独感，他们感到形只影单、不得不完全依靠自己，因为他们又像没有教会组织的牧师，不仅没有共同的可传播的哲学学说，而且社会也并不指望他们有共同的学说。他们是以双重身份被聘用的：真正的哲学家和受欢迎的教授。他们之中有些人把这些矛盾的东西协调得很好，他们必须为学术公众服务并且取悦学术公众，当我们从这种公众的特征来看问题时更是如此。虽然绝大多数美国人的政治与伦理观点（即便有点模糊）非常保守，可是他们的民主天性以及环境的力量造就了一种可以迎接最激进的革命所带来的一切后果的教育制度。虽然没有人妄想强行抑制私人财产、

19 世纪末哈佛大学的心理学图书馆

桑塔亚那担心美国的学生无法利用在学校的时间好好学习，因为这些人一有时间就"像猴子那样嬉闹玩耍，打情骂俏"。

宗教信仰或家庭，但是美国的教育却忽视这些东西，而且只管径自前行就好像这些东西并不存在。儿童年纪很小时便进了免费的公立小学，即便是给年纪已经大起来的男孩子上课，教师也主要是未婚的女子，她们敏感、忠诚、脆弱；在她们的影响下，学生们很容易把学问和思想方面的东西与生活中活生生的事情和感情分割开来，这种分离现象可以说独具美国特色。那学问和思想方面的东西被裹在了女性的面纱里，也可以说罩在了玻璃下面。课程所涉及的范围很广，可是内容却很简单、很有趣，每门课学生可选修也可以不修。学生选学的课程可以是他感兴趣的课程，也可以是他将来的工作或职业所需要的知识。在这种情况下年轻人若通情达理便应该自学并互相切磋。可他们却像猴子那样嬉闹玩耍，他们打情骂俏，私下里净是突发的奇想和怪念头，就像是一群年轻的超人。他们十分热衷于在学校里搞恶作剧与校际间的体育比赛。他们喜欢自己的父母，常常是从怜悯的角度喜欢，家对他们来说更是个神圣的地方，只因为他们难得待在家中。在个人习惯上、交友上、对事物的看法上，他们完全是我行我素。兄弟姐妹们常常会选择不同的宗教信仰。街巷、学校、青少年俱乐部、杂志、通俗小说为他们提供精神食粮。在缺少权威和传统的情况下，榜样和现实社会习俗的力量更加难以抗拒，同时年轻人的这种独立性也削弱了他们头脑中产生独到见解的能力，因为他们的我行我素使产生独到见解的基础变得更薄弱、土壤更贫瘠。跟所有其他国家一样，美国也自然而然并无准则地形成了一套统一的道德标准和多数人都采用的说话方式。少数文化水平高的人曾试图保持自己的个性并将之注入自己的生活和精神里，可他们的努力并不很成功。他们把自己的男孩送进教师全是男性的中学，甚至送到乡下去读寄宿学校，那些寄宿学校的校舍多少有点哥特式的样子，饮食起居则是英国式的。还有一些其他半土半洋的社会机构和团体组织，一般是天主教办的或犹太人办的，它们都有浓厚的宗教色彩。再有就是富翁阶层，他们爱好广泛，对艺术方面的人和事很感兴趣。这些与众不同的东西对那些培育了它们的人来说也许很重要，可也只不过是美国生活表面上的一些亮点和波纹，而对于能够正确观察事物的人来说，它们根本不显眼。这些上等机构和组织中的弟子们一旦投身于企业或政治，便会本能地需要与环境一致的保护色，变成跟普通的美国人别无二致。他们本地的个性毕竟脱离不了民族个性的范围，他们尝试特殊教育时的态度，并不十分认真，而他们置身其中的公众活动和环境的影响却势不可挡。美国生活是一种强溶剂。几乎就在新移民还没学会英语之前，它就以有力、自信、挑战的声音和眼神将他吓住了，因此无论异己的理性的东西多么顽强，它似乎总能将其中和并溶入本地的友好、自鸣得意、不爱动脑筋、乐天知命的氛围中。让我们以美国的天主教徒为例，美国名义上的天主教徒有数百数千万，他们常常好像虔诚地保持着其先辈的信仰。这种信仰形成于罗马帝国衰落时期，他对今生的许多幻想业已破灭，而对来世的幻想却细大不捐。它的教义古老、玄奥、富有想象力、复杂、主张禁欲、专横、偏执。它对未经神明启示的自负的人（例如美国人）的方方面面都持强硬的否定态度。美国生活中的一切都跟天主教的教义格格不入。然而美国的天主教徒却完全平安无事。他谈起任何事（甚至谈起宗教）的语调都具有兴高采烈的美国特点。他所生活的环境从精神上对他的宗教信仰充满着敌意，在这种情况下他竟然能平静、和睦、愉快地生活，这真是个奇妙的现象。就像购买金矿股份一样，他似乎在自己的教会里投了资，这无疑是一种极好的有灿烂前途的做法；或许他掩饰（甚至对自己也掩饰）了对这种做法不切实际的热情，以为这样便可以无论在今生还是在来世都能发迹。他会告诉你他的教会是世界上值得皈依的最好的教会，教会里的牧师就跟社会上的警察一样都是很出色的人。教会的修女仍跟他自己的姐妹们一样都是可爱的高尚淑女。他们那个教区是个欣欣向荣的教区，总在改建教堂，创立新学校、孤儿院、慈善机构、兄弟会以及其他永久性的社团。无可比拟的是他们的教区无论为了什么目的都能筹到大笔的钱，或者即便暂时出现什么麻烦，有一个事实是不会改变的，那就是美国总是有三位红衣主教，天主教是世界上最大的宗教。对自己的教会怀着这样的依恋之情会使他跟信奉新教的邻居和睦相处，不会发生什么严重的冲突。他们平等地生活与交往着。他们各自的宗教信仰在各自的家族中传承，那只是神圣的私事，不带任何政治色彩。公众（主要是在学的大学生）中存在的就是这样的教育，社会就处在这种理性单纯的氛围中，哈佛的哲学家的教学必须适应这样的学生，在某种程度上也要使他们的哲学适应这样的公众和学生。学生们很聪明、很有抱负也很有能力"做事"；他们喜欢已经进入他们生活的那些事情，虽然对其他的事一概不知却仍然感到心满意足。他们对过去的一切总有几分不屑一顾的心态。他们没有服从权威的习惯，不知道权威也许有着合理的依据。他们从本能上就

1823 年的哈佛大学
　　从哈佛毕业意味着开始了迈向成功的步伐，但是桑塔亚那却对 19 世纪的哈佛学院抱着深沉的忧虑，因为学生们从这里毕业，"空虚、浮躁，飘飘然地忙于毫无价值的活动"。

不相信自己所不理解的东西会是什么优秀的东西。对于政治与宗教方面的重大问题，他们思想上虽然没有框框却懵懵懂懂，好像觉得那些问题实际上并无关紧要。他们认为人们对那样的问题尽可以各抒己见。欧洲的大学生时常热烈地讨论政治、哲学和艺术的发展趋势，而在美国的大学生中间根本没有这种现象。美国学生所做的是吸收本地的传统的东西，包括体育和社会的习俗；他们的大学生活便是他们真正的教育，这包括友谊、合作、自由等内容。在19世纪80年代，哈佛校园里兴起一种老式的不修边幅、寻求欢乐的风气。在那个时期，波士顿和坎布里奇在某些方面很像狄更斯笔下的伦敦：同样地乏味的财富，同样的高谈阔论，同样的急功近利，同样的肮脏偏僻的街道——这些穷街陋巷的空气中都有一股得过且过的腐朽味道，同样的古怪人物，同样地想出风头的幽默，再加一点可怕的东西——有人骇人听闻地怀疑有些居民可能私下里净干伤天害理的事。对在学的大学生来说，生活似乎充满了滑稽可笑的事和粗俗的闹剧，其实日月只是善意地展示着一件又一件平淡无奇的事情。他们拥挤地贴在叮叮当当的马车上，外套的领子遮挡着耳朵，两脚躲在厚厚的稻草里，一路颠簸，花费长长的半个小时赶往波士顿。他们在那里享受与姑娘们交朋友的快乐，或者去剧院看戏，或者美美地吃一顿。夏日里，在毕业班举办毕业聚会的那天和毕业典礼的时候，波士顿的姑娘们和有头有脸的长者便会来哈佛回访，领头的是马萨诸塞州州长，他乘坐的是租来的四匹马拉的马车，为首的还有当地的演说家和诗人。他们谈笑风生，满嘴都是传统的观点。与其说他们很想敦促年轻人在事业上起步，倒不如说他们急于炫耀自己的风趣，急于用饮料、用一大堆青春的回忆来温暖自己的心。这样的大学生活是一种田园诗式的、随意性很强的、充满幽默的生活，它缺乏出色的想象力，缺乏应有的学识的灌输，缺乏通俗晓畅的宗教：学生们空虚、浮躁，飘飘然地忙于毫无价值的活动，因此他们毕业后倒是能立即适应单调乏味的社会生活。他们爱美的东西，可是却见不到。那些零星的宜人风景或艺术作品虽然也许能抵消难看的前景，却是美学意义上的大杂烩，看到它们的感觉就像在参观博物馆。没有浸透着激情与素养的美，没有与雅致、高尚的事物密切相连的美。当然，每个国家的上空都有一片蓝天；新英格兰也有灿烂的晚霞、厚厚的积雪，人们可以很方便地去海边和树林中度假。你会注意到为自己家乡赢得影响的某种寻常的技术或事情也会被大家仔细地研究、得到不少赞誉。人们会指出哪里的老墙角的暗红色墙砖已经风化，上面出现了青苔；会指出这儿或那儿的窗玻璃虽然经历过无数的房客和女仆却仍然完好无损，只不过上百年的阳光已经把它晒成了紫色；最为可贵的是那些细高的榆树，树冠在空中舒展如盖，遮蔽着下面的古老的街道和草地。不过，大自然给予这些东西的柔情似乎原本是为其他东西准备的——那是某种更重要的东西。不但美国的民族精神早先就已经有点变得冷漠与贫瘠（导致这种改变的因素是新教、移民的涌入和对物质任务的专注），而且老一辈人身上的美好情感又难以传给年轻的一代。年轻人喜欢随心所欲，照理说者应该受到鼓励与尊重。他们有一种只跟年龄和能力与自己差不多的人交往的天性。比如在农民中，年轻的与年老的就迥然不同。教师和学生就像不同种类的动物，又像奶牛和挤奶女工，彼此是互助的关系；他们之间在一段时间里可以互利互惠，可是却难以促膝谈心。这种情况表明美国有才智的人没把心思集中在与才智有关的事情上。他们的任务、他们的乐趣把不同年龄的人分割了开来。能把他们联合起来的东西是理念，是不受个人感情影响的利益，是文学、历史、哲学等学科。离开这些东西，他们就会难以忘掉彼此的劣势。

当然，以客观的标准来衡量，大学四年的学习并没学到什么东西，等于浪费了时间；然而尽管美国成年男人在自己的事业中非常讲究实际，他们却不会因为妻子儿女喜欢变着花样玩而生气。他表现的谦逊十分感人，他们好像在对自己说："让心肝宝贝们去尽情地玩吧，只要他们高兴就行。我们这些大男人拼命工作还不就是为了他们的幸福吗？"生活的最高追求肯定是生活中的欢乐，然而美国的女人和大学生是否得到了生活中的欢乐呢？那欢乐是否就是最终的目标呢？

威廉·詹姆斯有个理论：如果有位科学家是个鳏夫又带着个马上要学走路的小孩，假如有人能说服他允许把孩子的脚弄出水泡，那么结果将证明当水泡痊愈时，孩子便自然学会了走路，就像练习过并摔过许多跤那样。因为他身上走路所需要的机能会自动成熟起来，就像子宫里婴儿的呼吸所需要的机能会自动成熟起来那样。美国老式大学的情况也许可用来支持这一理论。那种学校让年轻人的脑袋起了四年水泡，阻止他们练习任何有用的东西，可是四年结束后，人们却发现在绝大部分工作中，他们竟然能够跟那些一直在实践、始终没离开过办公桌的同龄人干得一样好，甚至干得比他们的同龄人还好得多。人性与人的聪慧是自动成熟起来的，只要不去压制或扭曲它们就足够了。大学生活把年轻人从对金钱的追求、从虚伪、从女人的控制中解放了出来。在这段时间里，他可以依其本性成长。即便这种成长没得到大才大智或渊博学问的指导，他

1858 年哈佛大学的学生合唱团

　　大学生活把年轻人从对金钱的追求、从虚伪、从女人的控制中解放了出来。在这段时间里，他可以依其本性成长。即便这种成长没得到大才大智或渊博学问的指导，它却也没受过十分邪恶的东西的教唆。

却也没受过十分邪恶的东西的教唆。如果知识领域里的东西没有一直吸引着他，我们能肯定成长本身有什么实实在在的东西或对人很重要的东西（比如说在哲学范畴内）可提供给他吗？他至少了解到知识这种东西是存在的并且对知识给人的好处和影响有了清楚的认识。

　　哈佛进行改革时（我相信所有的大学如今都进行了改革），其首要的目的不是改善大学生活或使大学更具学术气氛，虽然在某些学术圈子里顺便也收到了这样的效果。哈佛改革的目的实际上是要扩大教学范围，使学校的规模更上一层楼。每个大城市、任何一个国家的首都或地区的首府自然希望拥有符合"大学"这个词的本意的大学：学科齐全的教学机构或一组教学机构，其教学能培养各行各业的人才，教学内容包括所有的艺术门类和科学中的各种学科。这样的大学回避

哈佛校长：詹姆斯·沃尔克

　　詹姆斯·沃尔克于 1853 年至 1860
年担任哈佛大学的校长，同时他还是一
名哲学家。

了教育，回避了对某种道德和理智传统的传播。教育也许只是人们事先很礼貌的说法。教师当然不应该手揽着少年的肩膀，充当家长或兄长；他应该是某门学科的专家，他一方面在大学里开讲座，另一方面也许私下里在搞调查研究，有几个学生做他的助手，他对这几个学生则进行专业训练。似乎没有理由要求这样的学府里的教授或学生都住在一起，或者要求他们有基本相同的宗教信仰、道德标准、教养背景，或者要求他们都讲同样的语言。刚好相反，只要他们每个人在自己的专业领域里有足够的能力，那么他们越是不拘一格，就越能够使他们的"大学"变得更完善。对听讲者也不必加以限制，就像对去教堂、剧院、市图书馆的听众、观众、读者那样，不应有年龄、性别、种族、造诣方面的要求。他们应该是自行决定到大学里来的，来致力于自己所选择的研究科目，只要他们认为那研究有用处就行。也没有必要限制他们提出的课题，或者非得把他们的课题分配到系里去，除非是为了便于管理。教授有责任开创新的学科，因为这个世界非常复杂，人类对它的认识非常肤浅而且五花八门，所以随着人们兴趣和看法的变化，他们总会从每样事物中发现新的组合形式和新的内容。

随着哈佛大学的发展，所有这些特点都或多或少地清楚地显露了出来。不过它的改革都远远地尚未完成。它的核心仍然是个学院，其赞助者仍是当地人，旧传统仍然根深蒂固，教育对象还是一千或两千本科生。每门学科都缺少专家，付给专家的报酬还没有着落，从道德和社会行为标准上来说，人们还不能够完全接纳从国外吸引来的人才。对本科生的学习要求并不十分严格，除了本科生还有一批毕业后继续留校学习的研究生或从别的学院吸引来的研究生。这些研究生等于是未来教授的培养对象，像在德国那样身上带着博士的标签。每个学科的教师们都仿佛变成了一个委员会，这是个有几分登记处功能的委员会，需负责给他们精心培养出的学生找职位。于是大学就有机会在全国乃至在国际上发挥作用，从各地吸引杰出的人才和年轻有抱负的学生，同时向四面八方送出自己有见识、有学问的门徒。

我认为大家都可以理解在这样的地方、在这样的危急关头，哲学本应该发挥显著的作用，此外它本应该具有多重特性。无论其内容明确还是含蓄，总该有适合哈佛这种学院的某种哲学。一个数百年来所有的有文化的波士顿人接受教育的地方不能违背它的道德准则、掩饰它的宗教疑惑。它必须把它那严肃、忠实、勇于革新的精神传递下去。不过，同时还应该有适合哈佛大学的哲学。哈佛传统信念的主要部分即是信仰自由、是对知识与真理的探究。为了传统哲学的利益，有必要考虑世界上所有的意见，有必要把时代精神与前辈的精神结合在一起。因此，在哈佛没有任何一种深奥的见解受到压制。教授们可以是勤奋的，可以是冷静的，也可以貌似一神论者，并不要求一位教授必须跟别的教授一样。我相信，为了学校的健全发展，哲学系若增添了佛教学者、伊斯兰教学者、天主教学者，学校当局肯定会很高兴，当然前提是那学者似乎要懂规矩，要能够跟学校的学术机器步调一致，要能够吸引足够数量的学生。然而这种行政当局批准的自由并不是真正的自由，这种自由里没有愉悦可言，空中飘散着些许地狱之火的怪味道。你可以愿意想什么就想什么，但是你必须把你的信念或怀疑奉献给鼓励所有的人、帮助所有的事向前进的共同任务。如果信仰的问题让你感到不胜其烦，你还可以做无神论者。这样的氛围不是智慧的氛围，也不是科学的氛围，而是责任的氛围。

在大学的学术生活和学术方法方面，改革也同样很不彻底。教学内容绝大部分还是学院的教学内容，还是学院的那些科目，这些东西完全可以让助教去教；可是现在却由教授以讲座的形式讲授，课量过大，内容又经常重复。听讲的学生往往心不在焉，他们人文学科的基础太差；求知欲并不强烈。研究生（很像那些年轻小姐）听课时注意力更集中些，很想什么都不漏掉，可是他们的基础也好不了多少并且常常表现得更迟钝；他们的迟钝是那种天真的笨头笨脑。因此，哲学教授不得不吃力地逆水行舟。有时候他只好向现实屈服。例如，他凑巧提到了达尔文而眼前的学生却一脸茫然，他就会解释一番："查尔斯·达尔文，《物种起源》的作者，那是部划时代的伟大著作，于 1859 年出版。"另外

早期哈佛大学物
理系图书馆

还有些时候，他也许会完全沉浸在理想中，想象着自己正在真正的大
学里讲解那些不朽的观念，那也等于讲给整个世界听，他感到很兴奋，
因为他跟大量的群众建立了联系，那些群众受到了他演讲的激励。他
幻想着自己眼前有一排排的博学的男女，他们熟悉世上所有令人疑惑
的问题，经受得住各种见解的冲突，为任何革命的出现做好了准备；
无论他发表什么样的意见也难以使他们的心里感到震惊或者使他们的
精神进一步崩溃。正相反，既严峻又温柔的赤裸裸事实对他们来说也
许是一种愉快的解脱。他可以幻想片刻，幻想自己是来自光明王国的某种
英雄，正下到地狱，将浸着道理的面包片扔进咆哮的偏见和猖狂的谬论张
开的大嘴中。或者，如果他教的是人数不多的小班或只有两三个学生围
拢在他身旁，他也许会想象他正在播撒被爱焐暖的智慧的种子，撒进自
己那些真正弟子的心里，那儿便是真理未来的归宿。如果现实跟这些梦
想距离不大，如果哈佛真是一座成熟的大学，那么那里的哲学家也许能

够将他们的学说的纯度大幅度地提高。实际上，哈佛的哲学刚好有一个相反的优点：它忠实地体现了这块地方和眼前的这段时间所提供的复杂灵感。虽然这所大学是地方性的、道德上极拘谨的学校，可它又是向科学领域敞开窗口的学校；这里的哲学家中至少有两位天赋极高、有强烈的感情，他们信仰虔诚、性格浪漫，但是又专心于对自然界事实的研究，关注世上观念的发展趋势。他们俩都感到自己身负两种责任：有责任如实地描述事物，有责任发现它们之中有利于人类某些固有愿望的因素。虽然他们俩对待这两种责任同样十分执著，可是在性情、教育背景、爱好等方面却大不相同。威廉·詹姆斯被人称为经验论者，乔赛亚·罗伊斯则是位唯心论者。他们是非常好的朋友，互相的影响很大。他们之间的差异使他们的联合反映了典型的英国和美国哲学的现状，因为英国和美国的哲学都分为英国古哲学派和德国哲学派。好像所有这些还不够复杂似的，他们还不得不将自己的精力分割开，大部分精力用于履行教授的职责，完成日常的教学任务，只能用剩余的精力做学问、进行思考、创作文学作品。然而，即使是这种分散精力的条件也有好的一面。哲学院的工作性质有如黏合剂，可以把不同的人黏合在一起，同时它又涉及到人们共同的实际利益；哈佛的哲学学派若想成为充满活力的学派，学派里既自由又合作，那就需要促进其"血液循环"，而哲学院的工作正好有助于这种循环的持续。哲学院里有一种综合的动力，这动力一半来自惯例，一半来自道德标准，哲学院的生活是一种单纯的、高尚的、令人激动的生活。其中每个人都在努力地研究矛盾——他所感到的事物中的矛盾，或许还有他自己身上的矛盾；大家都决心找到某种可靠的解决矛盾的办法，或者至少勇敢地去承受它。这是理性生活中清冽的早晨，天阴沉沉的可是却正在放晴。

第三章

威廉·詹姆斯

与其总是幻想美好的生活，还不如与现实和谐共处；幻想的东西绝不会那么安全，那么美好，那么有成效。拒绝放弃腐朽的幻想是对思想的腐蚀。人们当然会有某种信仰；而且我们会不由自主地去信奉某种东西，；但要有理智地去信奉，要信奉那些肯定的事、可能的事、值得期望的事，同时还应认识到错误的事就是错误的。

　　威廉·詹姆斯在童年时就享有得天独厚的优势：他生活中接触的人都很有修养，曾经四处游历，还接受了来自多个国家的教师的教育。他父亲是一位低调的饱学之士。早期的美国曾经出现过一些像他父亲那样的人，他们是思想独立的神秘主义者，是隔绝于商业活动之外的隐士，是基督教教派中持异端的教徒。他们是极端的个人主义者，充分尊重子女的自由天性，并且坚信每个人都应当独立自主，在社会公共生活方面更是如此。因此威廉·詹姆斯受的是一种富于刺激却有点脱离常规的教育：他读书时绝不会不求甚解，他进行探索和判断的方式也不是那些名校所教的保险方法。因此他对于庸俗观点和沉闷的官僚作风极其厌恶。他有绘画的天赋，更确切地说是有艺术家的气质，但是却痴迷地关注大自然诡异的秘密以及人类的苦难，因此他选择医学作为职业。可是他并没有当医生，反而去教授生理学，并逐渐转向心理学和哲学。

　　年轻时，他相继在巴黎、波恩、维也纳和日内瓦求学，因此通晓多国语言；有时他会不自觉地使用外语词汇，而且发音十分地道；有时候从他衬衫色彩明亮的条纹或颜色鲜艳的领带上还能看出放荡不羁的痕迹。在艺术或医学方面他一直保持了专业水平和一种不经意的轻松心态，但是他却从未在研究玄学时有过这种心情。我猜测，他曾经由衷地仰慕一些老师，但是教哲学的老师除外，他也从未打算效仿哪位哲学家。当然威廉·詹姆斯的外表并不像位艺术家，因为英国的艺术家经常衣着光鲜、矫揉造作、无病呻吟。他本人身材不高，气宇轩昂，充满活力，留着胡子，极具阳刚之气。尽管他口才出众，也曾经希望自己的谈吐风格能够高雅有力，但是他最终还是偏爱自然随意的风格，并且保持了下来；他宁肯说话粗俗，也不愿意故作正经。那些粗俗的、质朴的、形象的词汇，只要生动活泼，他都会吸收并且使用；因此他的讲话比他的文章更生动。他相信即兴的灵感，即使在思考问题时他也喜欢即兴的想法；因此他备课并不注意细枝末节。他常说首先要透彻地了解你所研究的问题，剩下的就靠运气了。在他身上有一种很强的不安全感，那是谦虚和浪漫混杂在一起的感觉：无论如何我们总会或多或少地犯些错误，但是我们却可以做到胸怀坦荡。不同时期的思想应当互相尊重，而不要试图建立过于僵化的统一模式。即使你严格地修正自己的思想，又怎么能确定那种修正不会是更糟糕的错误呢？我们所有的观念本来就都是自由和平等的，它们都是上帝的孩子，如果它们不一致的话，那是上帝的问题，而不是它们自身的问题。在现实生活中，詹姆斯的思想是相当始终如一的，就连爱默生也是如此（他的这种不负责任的始终如一更加极端）。灵感有其自身的限制，有时这些限制会非常刻板。但是詹姆斯既不会循规蹈矩，也不会顽固坚持；他会转换到新的论题上，他不会妄自尊大或者墨守成规；他会放弃原来的观点，有时那些观点其实非常精彩；他会谦虚地从其他眼光不如自己的人那里寻求启示。

他在哲学领域里所研究的问题不一而足，因此读者很容易被他的著作中的某一部分吸引，从而忽略了其他内容，或许因为那些内容本

威廉·詹姆斯

　　威廉·詹姆斯（1842—1910），美国哲学家和心理学家，实用主义哲学运动和功能主义心理学运动的领袖人物。在哲学方面的著作有《一个多元的宇宙》、《哲学中的一些问题》、《真理的涵义》等，心理学方面的著作有《心理学原理》。

身更有价值。我认为事实上他的声望并非来自他最杰出的成就，而是得益于三本似乎不很重要的著作：《相信的决心》、《实用主义》和《宗教经验种种》。然而在我看来他最伟大的成就是《心理学原理》一书。在这本书里他纵览了自己手边的课题，采用了一种对他而言非常系统的方式来进行研究。从表面上看这只是一篇平凡无奇的论文，但是他竭力唤起思想活力的神来之笔使这部作品显得不同凡响。这是一部想象力很丰富的书；他构想的主题是广义上人类直接经验的变化，读者也需要有丰富的想象力才能真正读懂。这是一个带有文学色彩的课题，就像是自传或者心理小说，只能用充满诗意的方式对待它；因此从这个意义上来说莎士比亚是比洛克或康德更优秀的心理学家。然而这种富于想象的天赋不仅仅局限于文学领域，它在探寻科学真理方面也很有用，甚至在摆脱偏见和伪科学时也极为重要。威廉·詹姆斯灵动的想象力与思想活力突破了很多错误的传统观念。他认为我们的经验既不是由各种独立感觉拼凑而成的，也不是相互对立的能力的表现，例如理智与热情或者主观感觉与客观实物；它是一种思想过程的流动，像梦一样，梦中所有的部分与个体都是模糊的、变化的，而整个梦的过程就是不断地合成与散开。它在人们身后逐渐消散，就像是船的尾迹，然后它又逐渐进入未来，仿佛船桨划破水面。对于这位胸

奥古斯特·孔德

奥古斯特·孔德（1798—1857），法国实证主义哲学家，社会学家。他把心理学看成一种科学，桑塔亚那认为这是不准确的，而威廉·詹姆斯却未给出这个问题的答案。

怀坦荡、亲身经历这场探索之旅的心理学家来说，过去只是一份充满疑问的报告，而未来则完全无法确定；世间一切事物只有在人们经历它们时才会显示出其存在的状态。

与此同时，把心理学视为一种科学的观点有可能把它限制在人类自然发展过程的范畴里，或者局限于行为研究，奥古斯特·孔德就是这样认为的，詹姆斯的一些学生也这样认为，虽然他们比孔德清醒但却更幼稚。然而，目前从总体上看，心理学并不是一种科学，而是哲学的一个分支；它集合了对思想活动的文字性描述和对物质生活的科学性描述，其目的是研究二者的关系，这种关系则是人性的核心。

詹姆斯在这个关键问题上的态度究竟是怎样的呢？这个问题没有明确的答案。他探讨哲学的方式跟人类最早探讨它的方式一样，心中并没有明确的哲学观点，而是从不同方面接触各种各样的假说。他承认他的研究起始于常识的假设，即存在一个物质世界，生活在其中的动物都能够意识到它的存在并能思考它。他在自己的理论中适当地扩展了这种观点，他习惯于把思维视作完整的变化中的感觉，因此他认为情感是纯粹的生理感觉。如果沿着这种思路继续下去，他将不得不承认自然是机械的而思维是有意识的，然而这种结论却是他最不愿意接受的。因此他更倾向于相信思维与物质具有独立的力量并且能够相互促进，物质通过运动产生作用，而思想则通过意图产生作用。这种引人注目的、具有两重性的描述因果关系的方法是合乎常识的，如果这种方法被明确定义的话还有可能受到拥护；但是詹姆斯不自觉地被其方法中的一个微妙的暗示转移了注意力。这个暗示就是经验或思想活动组成的不仅是一系列重要的事实，而且是唯一的重要事实；其余一切事物，即使是他的心理学所设定的那个物质世界，也不过是一个按照感觉经历的顺序建立起来的语言或幻想的符号而已。因此，尽管在名义上任何关于心理变化的假设都是允许的，然而事实却是这个问题已经被预先决定好了。那些假设也是心理学变化的一部分，除了心理变化的其他部分之外，它们可能没有任何别的研究客体。因此，那种能够被他描述得非常生动的变化本身就是最基本的存在。在波浪之上颠簸的意识，也就是冒险航行的意识才是活生生的事实；剩下的则是刻板的猜测。一个人的天赋在哪里，他的信仰就会在哪里；在这位诗人看来表象是唯一的实在。

这种过去总被他忽略的观点在他最近的作品里成为某种正式的说法，他在这些作品中勾勒出所谓的绝对经验主义。经验这个词像是一枚霰弹枪的子弹，会突然分裂出了成百上千的意义。在这种情况下，我们必须不再考虑它的背景、发现或发展；为了从根本上分析它，我们必须抽象出它的直接对象并将它简化为纯粹的数据。很明显（结局已经得到了证实）以这种方式理解经验，它作为个人冒险或对命运冲击的反应时的浪漫意义将会丧失。"经验"将变成一场由绝对存在演出的场面恢宏的舞蹈，绝对存在按照一般规律孤立地出现并毁灭或者偶然出现并且毁灭。没有哪种精神力量能够收集这种经验，也没有哪种物质力量能对它产生影响；但是出现在任何人面前的直接对象都是宇宙奇观的一部分，它们与其余部分共同发展，即使没有人见过直接对象的所有部分，情况仍然如此。那么经验就完全不像莎士比亚所记叙的或詹姆斯曾在其心理学中所描述的那样。如果人能完整地经历经验的发展过程（幸运的是这种事是行不通的），经验将成为一场永无止境的噩梦。每一个动态的基本成分，每一种变化中的关系，每一种偶然出现的情况都会成为它的一部分。如果这种宇宙体系的科学价值能被计算出来的话，我完全不会否认它；在我看来物理学和数学比用语言描述的心理学更能深入地接近世界的根本；但是人类经验是用文字描述的心理感受；我们只有通过抑制表面因素甚至把一些表面因素实体化，在其自身抽象的、假设的层面上扩展这些因素才能接近物理和数学的本质。由于记忆和文学对经验的反复展示，它仍然比科学更接近我们：它是梦幻的、富于激情的、出人意料的、意味深长的。

很明显詹姆斯最了解和信任这种个人经验，虽然它能在文学和谈话中表达出来，可是无论多深奥的宇宙体系都不能表现它。我不禁在

威廉·詹姆斯像

想如果他知道绝对经验主义的发展状况，应该会惊讶于这种逻辑结构的形成过程。他一生都在研究的主要问题和他的目标在那种大环境里将会失去它们的意义。例如，真理的实用性绝不会在只有纯数据的环境中里表现出来；信奉不可知论的浪漫学者意识到自己的脾性并且设想出一个环境（其中的准确结构永远无法被人所了解），然后他便确信对经验而言真理只不过是对符号的恰当使用——这也确实是文学的真相。但是一旦我们把任何宇宙体系当作实在的真理，即使帮助我们准备接受并不存在的经验的符号很便利，其价值也不能被称为真理，因为它显然只是一种必要的模糊。因此人死后能否再生的问题也毫无价值。对于绝对经验主义来说，个人就像其他自然现象一样，仅仅是某些词语的集成或综合体；在他有规律的生命之钟停摆之后，某些思想的遗迹会再次出现，这并不荒谬。一个精密的世界很像音乐会有重复和换调，还有一点颤音，你可以把它视作一个人，在浩瀚的乐章中时隐时现。这种观点从唯灵论的角度来看可能是正确的，但是它并不符合唯灵论者的想象。他们的全部兴趣不在于经验，而在于对经验的解释，他们将经验交给了另一个世界不平静的灵魂；但是另一个世界和灵魂都是绝对经验主义所厌恶的概念。

我认为如果我们不想误解威廉·詹姆斯，我们就要牢记在他看来绝对经验主义和实用主义仅仅是一些方法；即使他曾经提出过原理，那也是属于不可知论的。而且正因为他是一位不可知论者（他直觉地认为信仰和观念即使有超越其本身的目标，也不可能确定是否达到了该目标），从某种意义上说他似乎非常赞成轻信。他本人却完全不会轻信；他非常清楚对人或思想的信任很有可能靠不住。正是因此他对别人给予自己的信任抱着既尊敬又同情的态度。毫无疑问他们是错的，但是我们又凭什么这样说呢？他本人已经准备好去面对事物的神秘莫测，去面对时间所孕育出的任何事物；但是直到最后一场戏落幕为止（有可能最后一幕永远不会到来！），他都希望那些心智缺损、精神扭曲的人不要受到嘲笑；也许他们最终会成为这出戏的英雄。那些脆弱的心灵残缺之人在那些厚颜无耻的、头脑清醒的、善于伪装的人中间迷失了自己，可是又有谁能断定上帝的力量不会感化他们呢？然而我们不应该认为詹姆斯教条地提出了这些忏悔的、浪漫的观点。在他心中，不可知论、医学和神经学从未完全失去踪影。他希望新启示或许会来自于卑贱者和软弱者，这希望与早期基督教徒的希望是迥然不同的。他认为这只不过是他们试验自己信仰的权利；他并不期望这种信仰会揭示绝对真相，因为其他人可能要被迫认可它。如果有人声称这种信仰就是绝对真相，而且似乎有机会强制推广，那么詹姆斯将会是第一个反对他的人；当然其理由不会是正统信仰不可能是正确的观点，而是他深信它令人生敬畏、值得怀疑。不，人类各种信仰跟权威和道义是否一致是一个道德问题，而不是理论问题。所有的信仰都是在发挥其信仰功能时被人们所体验到的存在；这些信仰而非其目的才是我们必须尊敬的真正事实。除了一时的幻觉之外，我们不可能得到更有把握的认识或者到达一个更深刻的层次。因此詹姆斯在为个人宗教信仰辩解时并无安全感、并无快乐而言。他并不真正地信仰宗教；他只是相信信仰的权利：信仰宗教并不是什么错误。

　　这种潜在的不可知论揭示了他的著名作品中内容松散的原因，在那些作品中故事和寓意似乎并没有形成一体。表面上它们是心理观察的论著；但是其中的意图和劝诫似乎倾向于分解真理的概念，提倡盲目信仰，鼓励迷信。一位不相信不可知论的心理学家会尽可能地指出他描述的信念和经验是幻觉的例子还是难能可贵的感性认识，抑或在某种程度上是二者兼而有之。但是詹姆斯没有盲从先辈或名家的见解，他依次倾听每位证人的证词，我们只是偶尔会觉得他受到了其中某些人的雄辩和激情的影响——这一点为他的作品平添了浪漫的色彩。这种方式谦虚、宽和并且公正；但是如果詹姆斯打算描绘（我认为他这样做了）人类信仰的戏剧性事件，包括信仰的危机和胜利，这种方式就显得难以胜任了。剧作家在作品中会毫不犹豫地作出假设，并且让观众看出谁是好人谁是坏人，谁明智谁愚蠢；否则他们的作品会在戏剧性和科学性上都显得软弱无力。人物的幻想或激情与他们的真实状况和命运的对比，产生了生活的悲剧和喜剧，虽然他们起初并不了解自己的命运，但是作者和读者都很清楚。如果胆小怯弱和审慎的公正使我们拒绝接受这种评判的态度，就会得出无法解释的结论。例如一位航海家相信自己的"经验"（这跟人们信仰宗教的情况一样，经验代表他的想象和技术），坚持认为大地是球形的；因为他曾经环绕它航行。也就是说，似乎他不断向西航行，并且似乎再次回到了家乡。但是他怎么知道现在的家乡就是原来的那个家乡呢？或者说他怎么知道他对于家乡过去的印象和现在的印象来自于同一个或者任何一个有形体呢？他怎么会知道空间是平稳的、三维的，就像那些令人怀疑的欧几里德学派的人常说的那样？反之如果我受人尊敬的姑姑相信自己在花园里的经验，这种经验历史更长也更明确，她坚持认为大地是平的，并且认为大地是圆形的理论（它只不过是一种理论）比

哲学家洛克

约翰·洛克（1632—1704），"英国经验主义之父"。人的思维本是一张白纸，不存在天赋的理性或知识。洛克认为，人通过感觉而形成经验，通过经验而形成知识，从而填充了白纸。威廉·詹姆斯和洛克一样是一个经验主义者，而且是一个绝对经验主义者。

起自己对大地是平的看法更缺乏检验也更没有用，此外还认为这种理论是迂腐的、唯理智主义的，是脱离实际的产物，是一向强加于人类头上的蛮横的教条，那么根据詹姆斯的原则我们似乎应当同意我姑姑的看法。但实际上并非如此；根据詹姆斯真正的原则，我们既不必赞同我姑姑，也不必赞同那位航海家。绝对经验主义就是绝对不可知论，它把我们从蒙昧的选择中解放了出来。当我们意识到两种情况都有人体验过时，大地就既是平的又是圆的，那么争吵就变得毫无意义了。真正的事实不是感知和理论在某个客体上的结合，而是理论和感知本身。此外，我们可以顺便注意到当经验主义不再把经验作为发现外部事物的方法来评价时，就会放弃它长久以来重感觉轻想象的偏见，因为想象与思想和感觉一样都是直接经验，因此就绝对经验主义而言它们同样是实在的事实因素。

在《宗教经验种种》一书中，我们看到相同的辩解意图贯穿于对大部分宗教弊端的生动描述中（就像詹姆斯承认的那样）。书中很少记叙正常的宗教经验。对人类而言，宗教经验存在于对真理的朴素信仰和宗教传统所带来的益处。但是对詹姆斯来说过于符合常规和理性的事物似乎不是经验或者宗教；他认为只有神秘主义者所具有并诠释的突降的幻想和感觉才是经验和宗教的特性。他表面上作出的对它们的价值的解释多少带有一些悲伤的同情；但是在感情上却想支持它们。那些在美国自然而然出现的宗教信仰——歇斯底里的，迷信的或是发药行医式的——都受到上层精英人物的鄙夷。你也许会去探究它们，就像去探访贫民窟一样，但是你对他们始终有怀疑与厌恶。威廉·詹姆斯发现一些他认识的人故作高贵，这促使他卷起袖子，准备行动——不是要大打出手，而是要做一次示范性的彻底的手术。他会小心地解剖分析现在正被讨论的经验，展示它们多么有生气，尽管他不可能作出比其他医生更多的保证，担保患者一定能经受得住手术。病人最终死亡的手术也许在技术上是成功的，病人虽死可他的病却已被治愈；把宗教信仰描述成疯狂行为的做法也是如此，这种描述首先说明它有多真实、多热烈，因此即使它消亡了，却至少获得了人们的理解。

我从未在威廉·詹姆斯身上发现一点对于这些含糊信条的焦虑或热情。即使对他一直热心保卫的东西，比如自由意志，他的看法也很暧昧；在这样的事情上他连那些自己认为可取的东西也不予解释。但是他希望能扶弱抗强，他最为痛恨的就是权力机构的不作为。对他来说哲学有点像波兰宪法：只要有一票反对，那就什么都不能通过。对判决的关切几乎成了他视为己任的义务。我想如果他被迫承认某项重要的问题得到了最终解决，那么他会感到十分沮丧。因为他仍然希望对立面会提出异议，就像是当技术纯熟的刽子手即将处决可怜的罪犯时，一位意料之外的证人十万火急地骑马赶到，并且证实他是清白的。对于大多数人来说通过经验可以得出结论，但是经验主义却决不会提出结论。

讨论"人的能力"的论文记录了一些生理学的惊人发现，仿佛在暗示我们的精神和肉体的潜能是无限的，或者可以通过神灵的恩惠将之无限地扩大。然而我敢肯定詹姆斯不会接受这种推测。他会在压力下把神秘主义的触角收进科学的外壳中；但是他不会像自然主义者那样本能地认为奇迹与自然是一体的，而我们只是根据习惯它们的不同程度来区分它们。细胞核（我们可能会诗意地称之为灵魂）无疑存在于我们体内，我们的身体和思想都由它产生、受它控制，就像政府组建、控制军队一样。既然自然在很小的范围里也能包容万物，那么细胞核中很有可能存储着巨大的能量，这种能量有时可以被开发出来，或者像电火花一样，可以导致原先就大量存在的能量的释放。但是这种中央权力的绝对专制以及它将艰难困苦强加到臣民头上的高招并没有什么显而易见的好处。也许，正如民主政府一样，当灵魂仅仅负责聚集和调整来自感觉的刺激时，它才处于最佳状态。人的精神有时是一个暴君，昏庸无为、挥霍无度、骄奢淫逸。有时它又是狂热激动的。当它寻求并获得了肉体的全力支持时，就像征服者和巫师获得了功绩，问题是作出这样异常之举的冲动是否并无必要，这种举动是否毫无意义。又有谁希望成为神秘主义者呢？詹姆斯天生就不属于宗教，而是一个生机勃勃的人，他不喜欢那些假装神圣的先验主义者、空想家和苦行者；他讨厌狭隘的思想。但是他又急忙更正这种坦率的冲动，以免有失公平，而且强迫自己克服这种反感。当超自然现象在平凡的物质世界是具有疗伤和拯救的功能时，这么做会变得容易一些；奇迹通过医学重建了其在远古时的地位，超自然现象与奇迹都被人性化了。即使詹姆斯没有获得这种统一，他也与奇迹建造者们达成了一致，促使他这么做的是他宽厚仁慈的品格，还有他那追寻气味的猎人的直觉，因为他相信即将会有所发现。此外，作为青年的导师的哲学家，他更关心引导人们有一个正确的开始而不是给他们一个正确的结论。詹姆斯同意教育家激励学生的传统；只要能坦诚地去做，他就会把心理学应用于对人们心智的开导；他那些关于习惯、意志、信仰的讲话以及那篇关于人的潜能的文章，都精致优雅、激动人心，简直就像是对年轻的基督徒战士的布道。他对道德方面要比对科学方面更有信心。他似乎确信某些思想和希望（开明的新教教徒都熟悉这些思想与希望）是每个人生活中真正的朋友。自愿维护这些信念的全部论据都有赖于思想和希望是有益的这个前提，如果他自己或者常听他讲演的那些人曾经怀疑过这个前提，这个假定的前提就会很难立得住脚。因为不论我们是否愿意，我们都难以逃避犯错误的风险，一定会屈从于一些人类本性上的或病态的偏见，那么我们至少应该错得优雅、错得损失最小，比如我们可以坚持那些能让我们过上自认为很好的生活的偏见。但是什么是好生活呢？威廉·詹姆斯、他周围的人以及任何地方的所有现代哲学家对什么是好生活有明确的概念吗？我认为谁都没有。他们熟悉人的善良品质，并且热爱这种品质；他们对于品格和正确的行为有自己的标准；但是如果涉及到哪些东西能使人类的生活幸福、美好、愉快，总的来说值得拥有，那么他们的见解就非常狭隘、鄙陋了。他们已经忘记了希腊人的经验，或者从来不知道那种经验。

因此，这种论点和与之类似的帕斯卡赞同天主教正统观念的论点有着相同的缺陷。帕斯卡说你必须强迫自己信仰它，因为如果你这样做了而且做得正确，你就赢得了天堂，而如果你错了，也不会有任何损失。新教徒、伊斯兰教徒和印度教教徒会对这样的看法说些什么呢？帕斯卡的那些可能性既不是唯一的也不是真正的可能性；这种赌注（因为有人向你提供了很高的赔率，你便为不可能发生的事下赌注）是一种对明智和愚蠢作出真正选择的拙劣模仿。在这种心态下，人们不会赢得什么天堂，而且即使有天堂，哲学家也会蔑视它。于是，威廉·詹姆斯让我们为永垂不朽或取得成功的力量打赌，因为如果我们赢了，我们就可以庆幸自己真正的本能，而如果我们错了也不会损失什么；因为除非你只在发现自己正确时才会有满足感，否则来自正确的自尊显然毫无意义。抑或这种论点指的是那些信仰（不论正确与否）会让这个世界的生活更加美好，但这只能是画饼充饥。与其总是幻想美好的生活，还不如与现实和谐共处；幻想的东西绝不会那么安全，那么美好，那么有成效。拒绝放弃腐朽的幻想是对思想的腐蚀。人们当然会有某种信仰；而且我们会不由自主地去信奉某种东西；但要有理智地去信奉，要信奉那些肯定的事、可能的事、值得期望的事，同时还应认识到错误的事就是错误的。

像往常一样，在这个问题上，詹姆斯在其混乱的道德建议背后有一项真正的心理方面的事实和一种丰富的本能。这心理方面的事实就是人的信仰受到其意志和欲望的影响；我认为我们甚至可以更进一步地认为信仰本质上是冲动和准备行动的表现。因为我们的行动是会逐渐适应客观事物的，而我们的冲动是会逐渐适应可能或必须的行动的，所以我们的想法只是肤浅地开始靠近现实并且获得真正的（即使仍是象征性的）意义。我们不需要决心去相信什么东西；我们只需要决心去研究那些不可避免地会相信的客体。但是詹姆斯想得更多的是我们对所希望的事的信仰，而不是我们对发现的事的信仰。这种信仰一点也不清晰，在人类生活中也没有必要。然而，詹姆斯像大多数美国人一样，或者说比大多数美国人更深切地感到了未来的召唤，并且坚信未来可以比过去更加美好，与过去彻底不同。斯维登堡①对待熟悉的神灵很宽容，受斯维登堡的影响，詹姆斯对宗教也比较温柔，但是他并不重视宗教信仰所描绘的天堂或千禧年的情景。必须保留的是由宗教信仰提供的道德拯救者、宗教的开放空间和奇迹的无限可能。如果我们由于担心受骗而退缩（可能这也是天性会让我们做的事），那么相信这些持久不变的真理会比不相信它们更容易受骗吗？对信仰本身进行改良也是需要信仰的，其他的改革也是如此。

在某些情况下，相信成功可以激励我们取得成功，同时这种信仰也就通过自身的作用变得合理了。这是詹姆斯在最坏的情况下的一种典型看法——好与坏总是并存的。在这里，心理观察又一次被用来激励自己和其他人；但是观察到的事实并没有被理解，而且道德对它的

---

① 斯维登堡（1688—1772），瑞典科学家与神学家，从研究自然科学转向神学，其通灵幻象和对《圣经》的神秘解释成为新耶路撒冷教会的基础，著有《天国的奥秘》、《新耶路撒冷》等。

扭曲（虽然这种道德值得怀疑）几乎使事实变成了假象。为什么能跳过排水沟的信心会帮助你跳过它呢？因为事实迹象表明你可以跳过它：你的腿够长，并且那条沟是两码宽而不是二十码宽。对这些事实迅速而正确的评价给了你信心，或者至少使你的信心变得合理、果敢、有预见性；否则你就是一个傻瓜，会掉到沟里、变成落汤鸡。除非有自知之明，否则自负是可鄙且致命的。詹姆斯在他状态最好时声称，如果你惊慌失措，你肯定就失败了，因为惊慌失措是心理失调的征兆；正如詹姆斯在他最明智时所说的那样：你曾经恐惧过，因为你颤抖过。如果你的身体对面临的机会都反应无误，你就不需要担心什么，就像如果你没有喝醉酒就不会走路不稳、视物模糊一样。恐惧是对紧张和混乱的感受，而自信是准备就绪的感受；它们并不是毫无理由存在的、空洞的感觉，恐惧的恶魔和勇气的天使中的任何一个都有可能专横地进入你的身体，对它进行彻底改造。直到哲学家严肃地对待这种比喻为止，这个幼稚的神话单纯地作为一种比喻存在了很久。在这种情况里道德忠告也是同样有根据的。正确的不是对权力的设想，而是对它的掌握：有清醒的头脑，明了权力的来源；而不是盲目乐观，希望从浩瀚苍穹中召唤出精灵。苏格拉底说过勇气并非美德，除非这种勇气能表现为智慧。既有勇气行动又有勇气相信不是最可靠的事吗？但是要坚忍不拔、有勇有谋，才能坚持科学的深谋远虑，就像苏格拉底对勇气或者詹姆斯对情感的态度一样；人们很容易堕入陈规之中，在自然哲学中搜寻奇迹和道德说教，毫无哲学依据地在道德范畴里、在煞有道理地表达偏爱时手舞足蹈。

威廉·詹姆斯具有自由主义的热情。他属于左派，在西班牙语中左派属于心脏这边，而右派属于肝脏那边；无论如何他的哲学有鲜如血液的生命活力，没有苦如胆汁的怨恨。他是仍为社会和宗教暴虐的阴影感到不安的老一代美国人之一。甚至过去的辉煌也令他烦恼，清教徒的感觉告诉他那辉煌已经被玷污了。那被玷污后的东西变得残酷而轻浮，压制了更美好的东西的出现。但是我们要问那些更好的东西可能是什么？革命的政治家可以说，"除了官职之外，我不知道自己想要什么，但是我知道自己不想要什么"；但哲学家绝不可以这样说。厌恶和恐惧暗示出这偏好的本源和公认的好坏的标准；但哲学家的工作就是把这些好坏解释清楚。自由不是艺术，但它应该有助于某些自然艺术的创造。然后会是一面吃喝一面猜想接下来会发生什么吗？如果人类心中深藏着某种不变的想知道朝哪儿努力的需求，哲学家不就应当发现并说明这种需求是什么吗？

从某种角度来看，詹姆斯根本不是一个哲学家。他有一次对我说："如果我们不能把哲学都忘光的话，它会变成多么可恶的祸根呀！"换句话说，虽然哲学对许多人来说是生活的安慰和避难所，如果没有了哲学，生活就不会满足，但是詹姆斯却不这样认为。因此不要期望他会创建一门如大厦一样精心构建的哲学，从此一劳永逸地过日子。在他看来，哲学更像是一座迷宫，自己只是凑巧游荡其中，一直在寻找出口。他关注、思索、怀疑遇到的所有理论，内心总有一种想漠视它们的冲动。他一生都在与各种哲学理论为伴，就像孩子一直生活在成人中间；离开这些冷漠的巨人和他们的禁律苛求以及令人生厌的讲话，变成一个真正的孩子或者一只自由的动物，该是多大的解脱啊！当然詹姆斯认为理论就像成年人一样，也是有用的；但是理论本

身是一种障碍，实际上它天生就是我们的敌人。如果有机会，你不妨
挑战其中的一两个；也许那挑战将会打破某种魔咒，从而改变奇异的
景色，并且简化生活。你创建或使用的理论就像是一个讲给自己听的
故事或者自己玩的游戏，这时它是一个温暖的、竭力自我辩解的东
西；但是当创建或期望之火熄灭后，理论就变成了幻影，像一个幽灵
或别人的思想。对所有其他人来说，甚至对幽灵来说，詹姆斯都是谦
恭的化身；他对绝大部分理论都很宽容；即使对那些侵犯他的陌生人
也是如此。他衷心地承认别人有可能是正确的，而且每个人都有持不
同意见的权利。然而当事关理解问题的真正含义时，无论涉及的是理
论还是个人，他的直觉就胜过了耐心；他会在想象中画一幅惟妙惟肖
的漫画并标明这就是某某人。这漫画常常不是过分赞美就是有所歪

罗素
　　勃兰特·罗素（1872—1970），英
国著名哲学家、数学家、逻辑学家，
桑塔亚那把威廉·詹姆斯和罗素相提并
论，因为二人都是"热爱生活的神秘
主义者"。

曲，詹姆斯倒是很想做到目光准确、评判公道，但有时却会被这种愿望欺骗；他太爱冲动以至于难以做到正确地赞同某人或某观点；他太主观、太浪漫，所以难以公正地判断。爱是极具穿透力的，但是它只能洞悉可能，却不能看透事实。在洞悉某些观点的逻辑性和准确的内涵时詹姆斯有些力不从心。他喜欢对问题逐一考虑，而非把它们两两放在一起。他是个神秘主义者，一个热爱生活的神秘主义者。我们可以把他与罗素和沃尔特·惠特曼相提并论；他表现出一种温柔大度的敏感，他嫌恶矫揉造作，他钟情于日常生活中的所见所闻，模糊却执著地相信命运，反对任何自称科学或哲学的一成不变的知识传统。

预言者的声誉往往在国门之外：直到詹姆斯的声望从欧洲传回美洲，他的学生和朋友才意识到他是如此的杰出。大家都喜欢他，欣赏他宽容憨厚的品质和才华横溢的妙语。他在一群文人雅士中总是显得有点谦卑，并没有伟人的架子。人们嘲笑他那些偏执的观点和毫不掩饰的缺陷。当然，一位尽责的教授不应不懂装懂，但是人们往往认为一位尊贵的教授应该是无所不知的。美国苛刻的神学家和外表光鲜的理想主义者都纷纷摇头。他们自言自语道，一个不负责任的医生能搞出什么正确的哲学呢？何况他甚至没有大学文凭，只是个会活体解剖青蛙的粗鲁的庸医。另一方面，一本正经的人们并不完全相信一个思想缺乏条理的教师——无知的人甚至要求博学的人有一套现成的理论，以备不时之需；人们也不能接受一位私下研究催眠术的人，那人虽然时常在媒体中出现，可是讲的话、写的文章却不像有多大学问。甚至虽然他的学生们都无一例外地喜欢他的为人，但是也对他思想的深刻程度有所怀疑——他竟然那么随和；在讲课暂时中断然后又要继续进行时（他说过生活就是一系列的事情的断断续续），他会拍拍自己的前额，问坐在第一排的学生："我刚才讲什么来着?"也许在他教学生涯起初的几年里，他感觉有一点无所适从，就像一位军人受命不得不在葬礼上祷告时的感觉一样。他对自己的话的理解可能要比学究气的人深刻得多；然而要是有人替他讲出那些话，他可能会更加自在。他喜欢打开窗户，向外眺望一会儿。我想他听到下课铃时会觉得很高兴，因为在明天到来之前，他又能处于自然轻松的状态了。但是在课堂上，他有时会突发灵感，用手支着头，滔滔不绝地说出金玉之言，那些话生动有趣，发自内心，充满了对善恶的认识。有时他的话中会突然出现一些幽默的独特说法，它会坦白地承认自己的疑惑或天生的偏好，会信手拈来一些真知灼见。在他的课堂上激进主义有时会渗入一切人类哲学基础，有时也会闪现出充满朴素智慧和惆怅虔诚的思想，那可是人类曾经有过的最真实、最勇敢的思想。

第四章

乔赛亚·罗伊斯

邪恶就像错误，是动物生活中的一件小事，这在一个拥挤混乱的世界里是不可避免的，在这样的世界中一种自然的倾向有可能会妨碍另一种倾向，而所有的倾向都可能遇上行不通的情况。只要生命在延续，这种困难就会反复出现，每种生物的活力越大、性格越完善，越会努力消除或击败感觉到的邪恶。

　　与此同时哲学权威的光环也落在在哈佛大学的一位教授头上。年轻的乔赛亚·罗伊斯是加利福尼亚人，他从德国归来时便以智慧超群著称。即使你不知道他已经发现上帝存在的最新证据，仅仅看到他就会觉得他是一位哲学家：他的头很大，对于他那瘦小的身体来说似乎显得过于沉重，那奇特的粗重眉毛和浓密的红头发似乎压迫着脸的下部。威廉·詹姆斯曾评价说："罗伊斯的前额的确不怎么好看。"他有点像善良的丑八怪或老小孩，在奇异的面具下隐藏着一种超自然的敏锐洞察力。给他一点暗示，甚至不给暗示，他都能对任何话题旁征博引地发表见解，让人从中找不到一点纰漏。他熟知课本和百科全书中的知识；如果他的话让你感到迷惑，除了因为博学之外，还有一部分原因是他认为一切事物都和一些未知的事物联系在一起。他拐弯抹角地分析事情，在离题很远的地方开始，可能会用美国式的前言先讲一个有趣的故事，到了关键之处，他会立刻收敛，并用哲学的深奥术语把那关键之处重新掩盖起来。他思想的闸门一旦开启，就会妙语泉涌，有条理地演讲起来，根据需要或时机可以讲上一个小时、两个小时甚至三个小时。他的声音粗哑刺耳。你会感到这台超负荷的标准的学术机器，在职责或习惯的召唤下咯吱作响，他不想住口也没想到让别人停下来休息。然而这个正在讲演的灵魂背后有一个活泼的灵魂仿佛在监视并嘲笑这个过程。有时他那细小的双目中闪烁

哈佛校长埃利奥特

　　化学家埃利奥特（Charles William Eliot）自 1869 年到 1909 年担任哈佛大学校长，他任职 40 年，把哈佛大学建设成了一座规模宏大的现代化大学，使一些老学院获得了新的活力。尽管如此，哈佛的哲学教育在桑塔亚那看来仍是不让人乐观的。

出欢乐的光芒，固执的嘴角会流露出羞涩的笑容。整个论证中有一种似乎矛盾的、讽刺的、不确定的东西会时而窜跃出来，像浪端的白色浪花在波涛汹涌的海面上四处迸溅。

　　他的研究方式是首先搜集并消化科学或"魔鬼"的观点。显然他在品味难题时会获得一种诡秘的快乐；对他来说不论是《圣经》批评、生存斗争，还是最新的德国的性失常理论，都不是什么可畏的论题；这些都是值得研究的问题，软弱的、美丽的或虚幻的事物都应拿到"磨房"里经受一番研磨！他似乎在说：如果我不是亚历山大大帝而是第欧根尼斯，那该多么令人高兴啊，如果我不需要为一个理论辩护，那么我会多么轻松地告诉你真理啊。但是当怀疑论者在大地上四处游荡，预言家就会登上讲坛眺望真理。他会证实虽然有令人恐惧的事和矛盾，或许正是因为有了它们，宇宙才是绝对完美的。在他那冷嘲热讽的灵魂背后却有着另外一个虔诚英勇的灵魂。罗伊斯是卡尔文传统的继承者：他认为虔诚存在于相信上帝的旨意和公正，同时强调个人的堕落和上帝导致灾难的神圣是最令人恐惧的真相。因此他在自己的主要作品中致力于展示这样一种思想，即所有生活都属于一种神圣的生活，在这种生活里一切问题都会得到解决，所有的邪恶都会被宽恕。

罗伊斯在证明崇高的事物（比如上帝的存在）时，有自己的特点，他的前提是有悲哀与困难存在，也就是有错误存在。他告诉我们虽然事实并非是不可置疑的，虽然纯粹的神秘主义者和感觉主义者否认错误，但是错误是存在的，常识也承认这一点。罗伊斯继续说道，但是如果错误存在，它一定会和某个真理发生分歧；真理的存在（根据唯心主义原理，只有人知道的事物才是存在的）暗示着有人知道这个真理；但是要彻底地了解真理并且对所有可能的错误进行纠正，就需要无所不知，我们已经证明了全知的头脑和包罗万象的思想的存在；这几乎等同于上帝的存在。

罗伊斯的真诚和激情的雄辩弥补了他论证的弱点和论据的不足。因为他辩论时的辩证、无畏以及喜欢诙谐的深入浅出，所以被看作是一位杰出的逻辑学家；他热爱象棋、音乐和数学；但是所有这些与逻辑有关的兴趣的表现都只是他心灵的屏障，他的内心其实一片混沌。他的推理既不是纯粹的逻辑也不是纯粹的观察；那推理总是隐藏着激

情或怨恨，其结论往往是预先想好的。比如，没有哪个不带偏见的思
想家，更不用说纯粹的逻辑学家，会想到使用错误的存在来证明真理
的存在。错误像生物界的偶然现象，可能在某一天就会消亡，比如人
类终有灭绝的那一天；然而真理或事实的存在，在任何情况下都是永
不消亡的，不论过去、现在还是将来；每件事本身都会揭示它所代表
的命题是正确的还是错误的。除非有人已经发现或设想了许多真理，
否则没有人能把一件事臆断为错误或者怀疑它的存在；除非真理一定
真实，否则任何事物都不会是真正的错误。罗伊斯当然承认这些，在
某种程度上这也是他想要坚持和证明的核心；但这并不需要证明，也
无需坚称。需要证明的是别的事，是在哲学上没那么重要但更加浪漫
有趣的事，也就是真理在我们头顶盘旋将要降落到我们心里；罗伊斯
有意把这点与真理的存在相混淆，以便把它引入逻辑论证的范围。他
痛苦地怀疑自己可能身陷错误的罗网，并竭力想要逃脱。在他看来，
错误绝不是正常而且无害的有限事件；它和有限都是罪恶。当你首先
就假定或认定道德区别和道德经验是世界的实质而不只是小事时，你
就会认为它是邪恶问题的一部分，是一个严重的迫切的问题。逻辑学
家所需要的就是真理的存在，而真理的存在并不能在这种较量中帮他
拯救自己；他敏锐地感到并常说真理就像星辰总是在嘲笑我们。只有
拥有真理才能帮助他，然而这很难办到。他渴望相信自己所有的困难
和疑问在某天某处会得到解决；即使不是自己想通的，他也希望那解
决者将在某种程度上是自己的知音。世界上不应只有冷漠的或者拟人
化的冷漠真理，还应有完备的关于真理的知识，像阳光那样突破错误
的阴云大放光芒。他论证中的勇气是完全不合逻辑的；那勇气像是宗

教经验的忏悔，其中对错误痛苦的认识导致了顽固的幻想，即相信真理最终会被发现。

　　哲理的真理指的是关于万物的总的真理；当然，有趣的是如果能对这个结论举出任何似乎有理的证据，我们将注定变得无所不知，或者已经莫名其妙地无所不知了。然而所有的宗教人士并不这样认为。亚里士多德告诉我们有许多事情还是不知道比较好；他卓越的神性就是愉快地忽略人类的错误和存在；柏拉图和印度人更伟大的神性在于他们更明显地表现出这种忽略。我们的宗教把全知归功于作为心灵寻觅者和行为判决者的上帝，因为全知具有道德功能而非逻辑功能；上帝的全知使我们不能隐藏罪恶，而美德会得到应有的赞赏；并不是由于罪恶或美德确实存在上帝才必须全知的。无神论者承认这些事实，但是他们满足于无人注意这些罪恶和美德或许还会对此感到欣慰。在这个问题上罗伊斯再一次浪漫地含糊其辞，严格的逻辑学家是不会容忍这种含糊其辞的。对真理的认识是一种传承性的心理学财富，这种认识竟然成了已知真理的替代品，而为此付出的代价则是极大的思想混乱。诚实的观念追求的是真理本身，是处于实际关系中的事实，而不是另一种观念或认识的状况；如果你梦想温暖的同情和公众的证实并且把你的财富储存在了某种认识的例证中，而不是天堂里，那么时间和怀疑就可能会毁灭这些例证。年轻的罗伊斯在试图证明真理的存在时荒谬地将其视为可疑的，这就为实用主义树立了一个坏典型；他试图给真理加上心理学的内容，把它变为可疑的知识例证，不明智地剥夺了真理所有的权威和高贵。将真理拟人化就不太关心真理本身，而是更关注化身为人类的真理可能给我们的观念带来的证明和同情。

这样做就是树立另一个为我们辩护的思想家，而这另一个思想家即是扩大后的我们自己；而没有考虑到这第二位思想家会像我们一样闭口不谈自己的看法，也盼着别人对真理发表看法。

尽管罗伊斯用许多方式重新发现和重复回答了关于邪恶的古老问题，他也只能给出一个古老的回答，因为这是他整个理论的核心。他说，从根本上看，善即是与恶的斗争和取得的胜利；因此如果恶不存在，善也不会存在。我认为这个回答不会让他高枕无忧；他会情不自禁地感到不是所有的善都符合英勇善战的描述，也不是所有的恶都会进行有力的反击或者被打败；然而对邪恶问题最貌似有理的解决办法却是将之束之高阁，不去解决，这在某种意义上是恰当的；因为如果问题真的被解决了，寻找解决办法的斗争和必定有个解决办法的信念也就将终止了；然而或许这种信念和斗争本身即是至善的。因此我们大家都会接受的真正解决这个问题的办法就是"永远找不到任何办法"。

在这里举一个例子说明真理的存在与所有的问题最终都得到解决之间的区别。肯定存在一条关于邪恶的真理，在这里它不是一条未知的真理；然而它并不能解决将不屈不挠的罗伊斯送上拷问台的那个"问题"。如果弟弟问为什么他没有比哥哥生得早，这个问题或许能代表他感情的清晰状态；但是这个问题没法回答，因为这是一个幼稚的问题。因此世上为什么会有邪恶这个问题本身就是悖谬的，是根据错误的假设提出的。对于一个头脑简单的人来说邪恶的存在提出了一项任务，而不是一个问题。邪恶就像错误，是动物生活中的一件小事，这在一个拥挤混乱的世界里是不可避免的，在这样的世界中一种自然的倾向有可能会妨碍另一种倾向，而所有的倾向都可能遇上行不通的情况。只要生命在延续，这种困难就会反复出现，每种生物的活力越大、性格越完善，越会努力消除或击败感觉到的邪恶。当事态紧急，而他又无能为力时，他就会大声呼喊寻求神灵的帮助；（如果他没有首先死去）他很快会得到帮助，环境会有所改变，从而使他的处境变得可以忍受。积极的宗教对事物抱着一种自然主义的观点。它与科学自然主义的分歧仅在于它接受直觉的主宰或在决定某些问题时接受上天的启示，比如永生或奇迹之类的问题。它只是奋起战胜邪恶，而并不探寻邪恶为什么存在。有什么能比耶和华的神性更容易理解吗？生活在自然世界的巨人本应该勇敢面对对手、敌人和叛逆的孩子。有什么能比物体的惯性，或纯粹的机会，或是某个相反的目的更容易理解吗？它们肯定会摧毁在全世界产生巨大影响的柏拉图式的不切实际的思想。道德的任务对于希腊人和犹太人来说是一样的：利用近便的一切物质力量和精神力量去竭力征服自然，让其为人类所用；当面对无法避免的邪恶时，要能够心如铁石、冷酷无情，同时对一切可能来自于天堂的善良影响敞开心扉。积极的宗教从不与强词夺理的乐观纠缠不清。它从不认为最终的审判和胜利会为已被消灭的邪恶辩护。威廉·詹姆斯曾生动地讲道，如果在世界末日所有生灵都在大声欢呼、感谢上帝，一只蟑螂的爱却没有得到应有的回报，那么宇宙的和谐就会被打破；他从真理和头脑冷静的哲学家的角度认为和谐会被打破，但是激动的圣人可能不这样认为。詹姆斯考虑的主要是现在和未来，但是这种谨慎的宽厚也可以用于过去。消除邪恶并不是要消除邪恶曾经存在过的事实。即使有一只充满悔恨的手把流出的眼泪擦干了，泪水也还是痛苦的。即使轻轻拍打一个孩子的后背安慰他，再给他吃一个蜜饯，也不能消除他受过的委屈。如果我们期望用各种截然不同的愚蠢和冷酷的乐趣，或用极大的解脱带来的感情麻木来建立天堂，情况还会更糟。这种天堂是一个谎言，就像是卡尔文和黑格尔带有讽刺意味的天堂。在任何时间、任何地点存在的任何邪恶都一定会破坏整个乐观主义。

然而哲学家一直都有一条获得满足的皇家大道。他们最看重的最纯粹的快乐就是理解之乐。就像剧作家和小说家了解的那样，如果知识分子除了聪明以外，还具有粗俗与讽刺的秉性，或者有贬低他自己所不具备的别人的优点的欲望，那么事实上他更加愿意而且更适合了解邪恶。有时，哲学家起初是一个道德家，在成为一个虔诚的自然主义者后，尽管摆脱了一切卑劣，也不愿再做一个道德家；即使事物像一条巨大的瀑布奔流而下，他也会觉得没有必要苛刻地把它们分为正确的和错误的。他甚至可能会走得更远。在宇宙面前充满敬畏和谦虚，他可能会无意识地把对宇宙的理解和崇敬转变为另一种认识，即邪恶的存在并不邪恶，宇宙的秩序绝对是必要的与完美的，所以单是提及邪恶这个词也是盲目的、渎神的。

这种观点和其他被称为泛神论的观点一样，经常被伪装成天赐灵感，时而有人宣传；但是像斯宾诺莎那样理智地考虑它时，其含义就相当于：善与恶的亲缘关系就是事物与受它们影响的生物的关系。事物本身不可能不是好的就是坏的（整个复杂的宇宙更是如此）；但是从宇宙养育与娱乐生命的角度来说，它给人的印象总是好的。如果我们把智力定义为认清事物本来面目的能力，那么很明显只要哲学家是一个纯粹的知识分子，宇宙对他而言就是纯粹的好东西；宇宙万物都会任他表达孤傲的激情。因此智慧劝我们要当哲学家，要尽可能以纯知识的角度关注生活，这样我们就有可能被知识带上和平的道路。宇宙的本质不会因此就被证明是好的（虽然在知识方面极为自负的哲学家有时会不由自主地这样说），但是它会变得对我们有益，会使我们幸福自由地生活在其中。因为人的头脑已经适应了那些像美丽或习惯等可以被理解的事物，所以会感到那不过是社会中的寻常现象。

这是一个古老的、睿智的、难以推翻的观点。我认为如果罗伊斯能一直坚持它，就会避免妄想出来的邪恶之谜伤害他虔诚信仰中最健康的部分，那将是来自真理的愉悦，还带有一点对人类幻想的幽默和嘲笑。他身上有温顺服从的一面；就像小孩子喜欢看事物运作一样，他喜欢看一排排事实讽刺地列队前进，不管我们对这种爱好作何评价。他认为这是上帝的力量。他起初着迷于斯宾诺莎，后来又专注于数学逻辑。他一生对"绝对"的忠诚和那种古老的观点是相通的。

然而那种世界观很复杂，他用先验主义的知识理论置换了其中的一半内容。这种理论把包括宇宙在内的所有客体都视为思想家根据自己的意愿确定的词语，其意愿则有那思想家固有的思维定式。为了让自己的思维应和某个具体客体，他必须先主动地选择并创造出一个；否则不论他的观念构成了怎样的情景，只要没对准其知识范围的某一个具体对象，那观念就谈不上正确还是错误。当我们不想谈论外部世界时，它是什么样子都与我们的论述无关。比方说，如果真正的罗伊斯不是我思想（或者说内心）的产物，我也就不可能对他有错误的看法。在先验主义者看来，我们的判断对这种最初关联的需要把所有可能的客体都带入了隐秘的思想中，因此他有两个头脑，一个搜寻事实另一个则已经拥有或者更确切地说在保管甚至创造它们。

当这种关于知识的新哲学被采纳后，泛神论起初似乎失去了基础。不再有可以顶礼膜拜的外部宇宙；在作出巨大的牺牲后，我们在无尽的世界里已经找不到一个小小的角落可供我们建起一个安全的窝。我们曾经屈尊以就的知识失去了它的崇高地位；它不再被称为认识事物本来面目的能力。它变成了像威廉·詹姆斯这样的理智主义心理批评家通过它所推出的东西，即人类对抽象、解释、信念和推理的嗜好，这种嗜好把虚构的东西和真理放在了为生活服务的位置上。因此，它和热情、音乐、美学品位处于同样的地位，它是一种精神的复杂产物，也许有助于研究一些与其有先天联系的其他心理现象，但是它并没有实在的意义和令人满意的卓越之处，也没有确证或认知功能。因此这种知识不能理解任何事情：它是幻想世界中一种闹哄哄的劳动机器，莫名其妙地帮助我们生活下去。

起初，先验主义给浪漫主义者带来的好处是使知识分子名声扫地，是抛开了外在现实或真理的沉重负担。虽然起初解脱的感觉（例如对于费希特的学说）是极为畅快的，但是人们很快就发现获得的自由是虚幻的：令人厌恶的"绝对"已经移植到了自我之中。你是自己全能的主人；但是你对待自己的态度就像以前你对待卡尔文或斯宾诺莎的神的态度一样，都是阴暗、敌对、毫不宽容的。因为这个虚幻世界的每一个细节都是你内心的杰作，你其实比自己意识到的更精明、更邪恶。和从前相比，你感到大自然的双臂、你自己乖戾性格的罗网把你束缚得更紧，让你喘不过气来，而这就决定了你的命运。罗伊斯从不会在谬论和严酷的事实面前退缩；他过去常说当一只老鼠被猫折磨撕碎后，它潜意识中的愿望就实现了，因为它下意识地选择了在一个有猫的世界中当一只老鼠。所以老鼠在心底非常愿意被猫威胁、捉住并且吃掉。表面上罗伊斯是一个理性主义者，对迷信和文明的宗教毫不留情；但是我们又发现他其实内心里相信所有迷信的原始准则：尊敬任何会给我们带来痛苦的东西。他曾对自己说过从上帝就是魔鬼这种观点来看（日常经验和黑格尔的逻辑证明它基本正确），崇拜魔鬼就是真正的宗教。

然而，他的思想也在反对这种学说。青年时受到的深刻影响令他支持道德意义——支持斯多葛学派和康德的观点，认为美德是唯一美好的东西。但是如果按照他们的方式把美德视为意志的英勇高尚的态度（在世界中几乎找不到这样的例子），那么整个生命轮回怎么也会是美好的呢？尽管泛神论和乐观主义把道德主义抱在怀中，不满意这个邪恶世界的道德主义怎么会容忍和接受泛神论和乐观主义呢？根据有独创性的甚至是耸人听闻的观点，我们应该热情地拥抱美德，而美德就是（罗伊斯常说）紧紧扼住邪恶的咽喉；所以世界是美好的，因为它是一个可以被遏止的好世界，只要我们能成功地遏制它，它越是更应该受到遏制，它就越是一个更好的世界。但是这件赫拉克勒斯式的循环往复的壮举不可能一次完成，从此一劳永逸；赫拉克勒斯所付出不会是十二次而是无限的辛劳，因为他的美德就是不断付出辛苦，如果他停下休息，或被接纳进入奥林匹斯山，他就丢弃了美德——这唯一美好的东西。世界的邪恶不是我们可以放弃美德的理由；相反我们深入美德之中并且经历了它的各个阶段；美德是严厉的但并非吹毛求疵。它需要无尽的辛劳、旺盛的生命力以及冲动和激情。因此道德主义和为邪恶的辩解能够取得一致并融入对悲剧经历的歌颂中。

　　这种观点是黑格尔生活哲学的主题，罗伊斯欣赏并接纳了它。黑格尔和其支持者们似乎喜欢想象自己进入了一场悲剧。但是是否因为

黑格尔

　　黑格尔（1770—1831），德国哲学家。19世纪末年，在美国和英国，一流的学院哲学家大多都是黑格尔派，包括乔赛亚·罗伊斯，他十分欣赏并接纳了黑格尔生活哲学中的某些主题。

古希腊人的埃斯库罗斯和索福克勒斯都是伟大的悲剧诗人，生活如果不像他们寓言所描述的那样，就会变得可鄙呢？悲剧英雄的生活并不美好；它是被误导的，不必要的，荒谬的。但那正是浪漫主义哲学常谴责我们之处；我们必须大步前进、大声咆哮。我们必须支持那些自诩为英雄却污蔑对手为邪恶的个人和国家，支持他们偏激的狂热；但是这种狂热是一种德国式的故作姿态，能在短时间从一个目标转移到另一个目标，因为重要的不是达到表象的目标（黑格尔轻蔑地称其为理想），而是我们要一贯地甚至越来越顽强地在一个光辉的邪恶世界中艰难地生存下去，并且总在试图改造它，却又得过且过地认定永远不可能成功。我的意思是在我们不会成功地使改革变得不重要或生活变得更幸福；但是我们的某些具体改革当然也许会事倍功半，这就种下了新的、更加邪恶的种子，我们也就有必要使美德之剑保持锋利。事实上，我们，或者说我们身上的"绝对"是无往不胜的；于是表演会一直继续下去，而表演本身才是重要的。

罗伊斯原本应该仅在这种清教徒式的和德国式的直觉知识范畴内游刃有余；在他看来一种更纯粹的存在会逃避道德的经验。虽然他在加利福尼亚出生，却不习惯那里的阳光，也从未品尝过和平的滋味。他具有勇于奋斗的精神。他那羞怯的天性使他显得格外温柔，但是他认为爱和忠诚是神圣的执著，本来就不应该受到理性的束缚；他从舍不得扔掉破旧的布娃娃并不喜新厌旧的小孩身上看到了这种感情的本质。他遵循哲学的正统的传统，坚持追究事物起止的缘由，可结果却无法理解任何事物的起源和结果。他注视事件的动态仿佛那些事件是神秘的音乐，他不去分析原因和可能的结果，反而试图猜测其动机。

他分析评价时事时非常老练、精明。只不过忽略了什么才是最好的这个简单问题。作为回报，他成了一大批诚恳而忧虑的人的先知，那些人抛弃了教条的宗教，当他们觉得生活内容似乎毫无价值时，仍然希望生活得有意义；罗伊斯让他们相信紧张的毫无乐趣的生存状态并非是自己命运多舛或冥顽不灵的结果，而是所有的好人和天使的命运。罗伊斯自己以及周围的人们一直过着一种需要探索的、有压力的、不够好的生活；他发现善恶交织的命运总在暗中捉弄我们。他所处的年代和国家里，生活的一切是由变化、准备、匆忙、物质收获构成的；没有一种财富是可以长期保有、能满足需要的；在任何地方，特别是社会历史背景中，完全没有悠闲、简单、安全或和谐。这个世界充斥着阴谋和只是实用的或仅够亡羊补牢的美德。像战争和强迫劳动这样最恶劣的阴谋不但预示着邪恶、造成巨大的破坏，而且会取代可能出现的善良。连像勇气和勤劳这样最不可或缺的美德也会被取代。但是在罗伊斯的世界中这些似乎是唯一可敬的东西，他把它们当作所有阴谋和美德的典型代表，这可是一个巨大的错误。然而，在物欲横流的世界里确实没有什么具体的事物是完全善良或邪恶的；而且只要我们粗陋的阴谋和美德产生的结果利大于弊，我们就对它们加以颂扬，比如称之为无私、爱国或者信仰；而且本能地实践它们还可以作为受过良好教育的标志。但是对这种不自然的阴谋和不纯净的美德的绝对热爱本身就是邪恶的；它可能是野蛮的、空洞的或盲信的。它误解了一些细节——用美德的标准来衡量，某种习惯或情感可能在某些方面是好的，或者在某种情况下并没有那么坏。但是善与恶就像光和影，都是非物质的；所有的事物、事件、人物和约定俗成的道德本身其实毫无价值，除非它们的本质幸运地相遇时，无形的和谐（思想是其表现形式）有时凑近了它们，才会给它们平添上一些幸福或美好的色彩。这种无形的和谐可能会越来越完美；人类、社会或宇宙本质中妨碍完美的困难是实际的困难而不是逻辑上的困难。对原始美德的崇拜是最黑暗的保守主义；它关闭了天堂之门，使"存在"屈从于永恒的愚昧和罪恶。道德主义本身就是迷信。其抽象形式是道德的，甚至过于道德了；它敬仰传统的良知，那或许是一种病态的良知。道德的浪漫形式是原始的，甚至是不道德的；它固执地渴望行动，它为了自己的利益强调大量的经验和好坏兼容的生活方式。

　　罗伊斯有时会勉强承认有一些纯粹美好的东西，比如音乐或数学；但是不纯粹的合乎道德的善更好，因此不能去除。然而如果这种让步是认真的，就会破坏他的整个道德哲学。浪漫主义者一定会坚持只有痛苦的才是高尚的，只有可怕的才是光明的。一旦当人们发现并爱上完美的东西，对混乱和矛盾价值的喜爱很快就会显得荒谬。抛弃那些抬高了世界悲剧价值的深重罪恶和苦难不是更好的事吗？但是如果是这样，我们为什么要在把它们完全消灭之前就停下来呢？野蛮的悲剧作者曾认为激烈的情绪有助于使观众保持清醒，但是现在我们应该一想到那样的狂热就不寒而栗；同时，无数和谐之音曾被浪漫主义的喧嚣所掩盖，现在我们的耳朵应该变得对它们很敏感了。浪漫主义者认为自己依靠迷惘和痛苦生活，然而事实上痛苦和迷惘是他死亡的前兆，只有他的某些才能达成的那点和谐使他得以维持生命。亚里士多德教导我们，纯粹的和谐就是最热情的生活。宇宙可能会奏响幸福永恒的乐章，至少上帝有可能感到喜悦。

　　然而罗伊斯有时不是从这个方面放弃黑格尔的道德标准，他是从道德教条主义和绝对真诚的角度这样做的。他天性善良，有坚定的责任心以及民主的、美国式的服务精神。他不会仿效黑格尔或尼采，装腔作势地采纳一种道德偏见。对那些冷酷的专业哲学家来说，任何角色都可以接受，那角色的权力越大越好；但是善良的罗伊斯就像一个敏感的业余哲学家，不论坏人的角色在戏里有多重要、多抢眼，他都会拒绝扮演。因为对自己洞察力的妄自菲薄，或者因为顺从角色的要求而暂时忘记了坚持己见，他会在角色中迷失自己，并且认为只扮演道德高尚的角色才是非常重要的。他自相矛盾地保留了犹太人对上帝的忠诚，实质上是相信上帝只维护众多斗士中的一个，而那个人有时并不是胜利者；他不能容忍幸运的无耻之徒，而对这样的无耻之徒，德国人、卡莱尔以及勃朗宁却常予以夸赞。他生命中最后一项值得称道的行动，就是发表著名的对德国潜水艇击沉卢西塔尼亚号豪华客轮的公开谴责，这一行动也表明了他坚持正义的立场。正统的黑格尔信徒可能会说这件事清楚地表明，如果仅仅从有限的道德角度上看，邪恶可以催生更高尚的善良，这是一件很幸运的事——反其道而行之的是德国人的骄横和美国人的骄横，他们这种德行形成于战争胜利的具体好处，或者也许形成于更幸运的战败的益处。纯粹的道德观干扰了世界发展的高尚概念的说法难道不是最缺乏哲理、最武断的说法吗？"世界精神"为了通过自我憎恨、自我斗争和自我征服获得自我意识，不是被迫分裂为德国精神和美国精神了吗？当然美国就应当愤怒，而德国则应当残忍。这种看法想看到双方像斗鸡一样争斗不休，因为这就是它培养它们的目的。就像黑格尔在描述希腊悲剧时指出的那样，

卢西塔尼亚号沉没的瞬间

　　1915 年 5 月 12 日，英国卢西塔尼亚号客轮被击沉，至少有 124 名美国人丧生，威尔逊总统为此向德国政府提出强烈抗议。乔赛亚·罗伊斯虽然对德国哲学痴迷不已，但也对德国这一行为进行了公开谴责。

反面角色和正面角色一样都自认为是对的；他们不过是较低级文化层次上的正面角色。美国和英国仍停留在个人主义阶段；德国已经升上了更高级的组织阶段。也许注定会有这样一场战争，通过德国表面上的战败，把美国和英国提升到德国的水平。当然确实是如此，不过在这种情况下，罗伊斯不知为什么没进行深刻的思考，一定是毕生的习惯使他随口说出了这些看法。苏格拉底的魔鬼会在他耳边低语，让他不要说、不要说；如果这样的事没发生就好了。杀死成千的旅客不是凑巧的行为，它是对外发动战争的必要的前奏。但它也是应该受到众人共同诅咒的罪行。如果将一块石磨挂在黑格尔的脖子上（而非那些小喽啰的身上）并将他沉入海底，那才是对他（或别的应对此事负责的人）的更好的惩罚。在地球这块多战争的地方，罗伊斯愿意接受痛苦，但是拒绝耻辱。战场上的另一方是邪恶的化身。

当他遇到罪孽时，他的逻辑总会出现简单的偏差，他认为罪孽是令人恐惧的现实。他的良心扰乱了其理论中泛神论的平静；更严重的是（因为他完全清楚这种矛盾）这给他艰苦的生活增加了深重的懊悔不安。他认为错误事物的存在是正常的，可是又认为不争取改正它们同样确实是错误的，这样怎么可能保持平静呢？他有一次指出科学和宗教之间没有冲突，真正的冲突存在于宗教和道德之间。在他的思想中信仰和科学可能真的没有冲突，因为他的信仰起源于接受所有事实和科学的可能，以便认真地正视它们。但是他所理解的宗教与道德之间却有着无法克服的矛盾，因为道德会偏袒某一方，认为一种动机和一种结果比另一种更好，而在他看来宗教为了满足上帝的意志而为一切事物的存在感到欣喜，其中甚至包括邪恶。当然美德的作用也包括在内；它和邪恶一样在整个世界的格局中是必不可少的；但是虽然道德的努力是必须的，可道德的审判却是荒谬的。我觉得我们可以认为一个持这种见解的人的思想是分裂的，虽然他像年轻的巨人一样和这些最深奥的问题拼命搏斗，但是他没有取胜。我是指他未能理解事物本质的任何一种可能，只是认真、高尚、可怜地纠缠于比自己强大的矛盾传统中。在人数众多的哲学家队伍中，他成了一位英勇的烈士。

在对待形而上学方面的问题上和他对待道德一样，罗伊斯始终不辞辛苦地论证着同样的一些观点，然而它们始终都不清晰；他的唯心论不能理清那些观点所涵盖事实的自然复杂性。他的思想上有一种极大的困惑；一些清晰的原理和最终的可能也掺在其中，一会儿表现出这一面，一会儿又表现出另一面，就像是湍急的水流中漂浮的碎木片一样；但是力量最强大的却是水面下的暗流，它的流动很难追踪。他从黑格尔那里借用了一种创建哲学体系的方法，当然其中也有他自己的思想，但是那种方法却无意阐明哲学体系中的具体问题。他没有想过去纠正哲学观点中缺乏条理的地方，只是把那观点作为一种可能性保存下来，等待事实使我们能够决定它正确与否。然而他坚持那些无条理的东西，仿佛那就是这种观点的核心，迫不得已时才完全转变观点，因此尽管他好像在思考、批评每一种观点，只保留了其中的一部分内容（不论最初选择的观点多么不恰当，可争论总是在同样的方向上持续着），但却从来没有达到公允；那些观点没有得到阐明，仍然自相矛盾，可还是并无根据地被接受或拒绝了。因此就出现了一种令人困惑的错误观点，即哲学产生于哲学本身，而不是人类面对事物思考出来的。继而又试图通过诡辩说明所有的事物都是自相矛盾的，还令人不安地认为每件事既是对的又是错的，仿佛世界上没有可以被阐明的大量绝对可靠的理论体系。

　　例如他有一个最令人迷惑的主要论点，即所有思想都是一种核心思想的组成部分。根据思想这个词的含义，我们很容易使这种观点变得清晰且正确，或清晰但错误，或清晰但可疑（因为触及了未知因素），或彻底的荒唐可笑。很明显所有思想都是一种经历变化或经历体系的组成部分，正像所有物体都是一种物体系统的组成部分一样。此外，如果思想等同于它的思考对象，并且当人们在思考同一件事时他们就被称为"属于同一种思想"，那么许多想法肯定会有相同的地方，它们会在不同程度上与一种全知的思想相同，这种思想能理解它们各自的经历。如果统一的思想指的是类型的统一，这个问题就会变得难以确定；我们的信息和可能的猜测不能确切地告诉我们存在着多少种经验，或者它们的发展（当它们发展时）在多大程度上遵循同样的原则。我们需要考虑动物、其他星球和无限深邃的时间。即使对于人类有限的若干种想象力来说，德国唯心论所提供的范畴也显然太狭隘了。最后，当这种思想指的是某种具体的思想（比如美国的存在消失了或被否定了）可以成为另一种（坚持认为美国存在）思想的一部分时，这种思想就变得荒唐可笑了。但是这种对待事物的方法（我们可以把观察到的任何东西添加到复杂的人性中）会忽略掉那种能激怒罗伊斯并且使他的读者感到迷惑的问题。他希望所有思想都一致，也就是说在某种程度上符合逻辑和道德的要求，而他又总是觉得这种一致是不可能符合道德和逻辑的。

纯粹的先验主义是罗伊斯的技术方法，在这方面完全没有问题出现。先验主义是一种态度或观点，而非理论体系。凡是思维可以效劳之处，先验主义的"绝对"就会做"绝对"的思考。想法可以彼此独立的观点被排除，因为空间、时间和数字都属于受思想安排的想象世界而不是属于思考的功能；个人是想象构建出的虚幻的东西，就跟物质性的客体是想象构建出的东西一样。道德存在的压力无论落在何处都是一样的，思想家彼此之间的自我和关系是无限的；也不存在单独的无限自我，因为根据这条原则，"绝对"不是一种存在，不是心理上的怪物，而是一种身份或职责；自我的核心是一项任务。因此真正的思考从来不是"绝对"的一部分，而是"绝对"本身。思想家，不论有限还是无限，就是存在的人或大量的情感；它们都只是梦里才有的东西。任何等待承认的存在体系、任何真理或事实都与先验主义的观点相矛盾，使它变得愚蠢可笑。无所不包的思想即是我认为的自己的思想，是正在发挥作用的思想，哲学不可能超出这种认识。

　　然而虽然罗伊斯经常从这条原理出发进行推理，却总是超越这种认识，或总是忘记这种原则。他不禁相信有构造力的幻想不但冒充个人和思想，而且存在于它们之中。比如"绝对"一定不止是抽象的主题或是先验主义的自我（虽然它也是自我），而是一种综合的普遍思想，是亚里士多德的上帝和基督教神学。作为一个真诚的人和威廉·詹姆斯的朋友，罗伊斯很容易成为一个社会存在主义者；我指的是不承认有许多平行的人类思想，它们彼此有短暂的存在关系，并且互相影响，而绝不是相互取代也不是相互包含。有限经验不仅是无限经验的一个部分；它本身就是一个悲剧性的整体。我并不是眼望着自己的上帝，我是寻找上帝的自己。然而这种态度是与先验主义原则根本矛盾的；它即便没把哲学变成对文学心理学的沉溺，也是把哲学变成了对科学的简单推测。那么知识就只是确信能通过一些物质的影响或亲密关系的暗示，越过共生的分歧，猜测我们周围事物的存在和本质。这种自然主义所暗示的轻信和结局都和罗伊斯所怀疑的神秘的直觉相矛盾，让他感到不快。有什么折中的办法吗？

　　剧院里的观众和戏剧中的事件、人物是一种先验主义的关系。表演可能在今天举行，持续一小时，而故事可以把我们带到某个英雄时代或某个不曾存在的时代，而且在虚构的时间中跨越数天甚至数年。

正是这样，永恒的没有在人们之间散播开的先验主义的思考，就可能审视无限的时间，排演无数角色的感情和思想。不论思想是多么虚伪、多么理想化，毕竟它还是需要对象的；如果没有思考对象，就不可能思考。这个由现象组成的必不可少的世界比客观实在更加有趣；现象的特点和分类使纯思考的单调功能多样化、具体化。如果区分具体观点和具体思想的东西只是其主题，而不是它们所处的时代和地点，那么它们可能就会被径直引入一个先验主义的体系。先验主义的思想就像个纯粹的诗人，不深入世俗生活，只生活在其作品中，生活在故事的人物和时代里。罗伊斯始终坚定地持有这种可以称为绝对唯心主义的观点，并且愿意把它放入自己的理论中。但是他又竭力想把它同社会现实主义融合到一起，可这两种观点却是根本矛盾的。在绝对唯心主义看来，具体思想和整个时间过程只是想法；它们接受思考和审视，不会自己思考或消失。因此真正的唯心主义者可以口若悬河地谈论一个国家或一个时代的思想。对他们来说这和个人思想的真实与否是一致的；在个人范围内，他们可以寻找贯穿并超越个人的统一，因此这个人和其他人相同的那部分就形成了和他一样存在的个体的特点；这是一个主题编成的网，不是存在的集合。这就是唯心主义的实质和精华，也就是说知识不是对世界的认识，而是世界本身，相互交织的会说话的个体才是唯一的存在的个人。你可以叫他们人，因为"人"意味着面具；但是你不能称他们为心灵的化身。他们是历史之网上的结。他们是所处环境的语言，他们唯一的灵魂是他们所具有的对我而言的意识。

然而罗伊斯在谈论这些的同时，却希望不要谈论它，他那上下两卷厚厚的著作《世界与个人》把主题藏在晦涩之中。在把书写完时他意识到了这点，就极具个性地又写了长达一百页印刷更精美的"补充论文"，以说明要点。他说，让我们想象有一幅十分详尽的英国地图铺在英国的大地上。这幅地图是英国的一部分，它复制出英国的所有特征，同时这也就是它自己的特征；因此地图可以缩小无数倍后成为小地图，就像一面镜子里映出的另一面镜子。用同样的办法，我们也可以成为较大个人中的较小个人，而且和较大的个人一样真实完整。这样问题就解决了吗？如果我们接受这种例证，就仍然只有一个个体存在，那就是有形的英国，所有的地图都是它唯一表面的一部分；但英国绝不可能和地图相同，因为它受到海水的冲刷和邻国的包围，它也不会像拼接的地图一样被英国的其他部分包围起来。相反，如果我们把拼接的地图的各部分都延长，让每块地图的地位都相等，那么就看不出英国了，只会有英国凌乱的地图。只会有不包括自己的绝对思想，"绝对"是作为整体的一系列事物，它与组成自己的任何一个部分都不相同。当它们是地图时，它就是相关联的一个系列，它们是思想时，它就是真理；如果"绝对"从一开始就只被当作真理，在它之下个人的存在就不会有任何困难。此外，推断的目的是为整体和有限组成部分的相同实在辩护，如果所有的个人都绝对相像，那么他们的相同之处不就使这种推断的整个目的落空了吗？如果我们每一个人都度过无限的时间，获得和别人完全相同的经历，这种无意义的重复又有什么意义呢？这个贪得无厌的世界活一次难道还不够吗？为什么不承认唯我论并且坚持先验主义方法呢？是因为良心和判断力强吗？但是再多的地图都是没有用的，英国就是她自己，展现在我们面前的是无数补充的论文。

罗伊斯有时觉得自己所搞的不是哲学而是别的东西。他曾经写过一本小说，但是结果却令他失望。也许他本来可以成为一位伟大的音乐家。复杂、重复、盲目、没完没了的操练都不是写作或思考所需要的优点，但是在音乐中它们可能逐渐升华为真正的卓越，更何况他很有耐心，记忆力很强，而且喜爱技术装置。但是他毕竟不是音乐家（他没有艺术细胞），他更像高尚的常受到神秘启示的中世纪农民，僧侣们本该收他为徒，让他在清灯下研究佛经；或者他也许更像邓斯·司各脱的信徒，决不放过一个错误，缺少轻盈的心灵去鄙视复杂的诡辩，一心想亲自找出诡辩的秘密，并且凭借自己内心的光明前行。他是一个中世纪式的学院派人物，试图发现并解决难题，在系统著作中颂扬上帝，像珊瑚虫或蜘蛛那样不懈地工作，最终建立出架构，这种架构以其朴实、复杂、丰富的风格俘获并感动人心，这张架构之网十分巨大，其中充满了神秘和向往。

第 五 章

后来的思辨

新大陆的美国的氛围似乎已经在两个方面对哲学产生了影响。首先，它加速了因袭哲学的大胆分解，在这个分解的过程中一直存在着现代哲学的影响。而现代哲学也因此加速了随后的发展。其次，年轻的世界主义的美国希望各种思想无偏见地相处与争辩。

　　有一个问题本身即很离奇但对未来却至关重要，这就是：美洲大陆的移民现象是如何影响哲学思想的？乍一见到这个问题，我们很有可能根本不予考虑，因为这种影响往往很难辨别。在美国我们能在哲学面纱下发现什么呢？从历史背景来看，美国与欧洲有相同的新教神学和天主教神学；而从眼前的现象来看美国也应用了德国的唯心论并且有追随演化的趋势。在那里心理学也变成了形而上学的东西，近年来还出现了数学或逻辑学上的唯心论。在以上这些方面美国总是亦步亦趋地跟随着欧洲，而且据我们所知也没有任何原始的哲学体系起源于那里。这样说来，人们普遍认为彬彬有礼的美国在哲学方面与在文学方面一样一直奉行着基督教界的普遍传统，遵循英国走过的道路；而现代的哲学思辨对时代变迁十分敏感，世界上的地域差别则对它影响不大。

　　事情也许是这样的；但经过深思熟虑之后，我仍然用彬彬有礼来形容美国，因为如果连这一点都不具备的话，那么我一直在提的其他特征更是很难站得住脚。彬彬有礼的美国虔诚地继续信奉在清教徒时期的英国就存在的普通神灵，而且还一直希望与世界其他地方的值得敬奉的宗教保持联系。然而遥远的距离和对古代及异域事物抱偏见态度的革命却把它孤立了起来。另外一种束缚是其自身不知不觉的演变：它开始染上排他性和惰性。而在另外一方面，一个

驶向北美的移民船

这个真正纯粹的美国后来涌入一批来自欧洲各国的移民。他们的目的不是建立一个神圣的国家，而是追求一种自由的繁荣。无论他们原来是犹太人、爱尔兰人、德国人还是意大利人，这一大批移民欣然地接受了美洲的生活环境和社会精神。

粗鲁却生机勃勃的新形象的美国蓦然崛起，它破旧立新，不断壮大，使美国走出了旧传统。

早期的美国人的成分是一批挥霍无度的浪子、不求进取的怠惰者和敢于冒险的人，他们都是殖民家庭的产物。此后的一代人出生在人烟稀少的广阔大地上。他们试图忘记以前戒律严格的道德规范，采取另一种更愉快更人性化的生活方式。这个真正纯粹的美国后来涌入一批来自欧洲各国的移民。他们的目的不是建立一个神圣的国家，而是追求一种自由的繁荣。无论他们原来是犹太人、爱尔兰人、德国人还是意大利人，这一大批移民欣然地接受了美洲的生活环境和社会精神。但他们并不知道那里早先有严格的道德规范，因此也就不存在试图忘记那些规范的问题。不过他们倒是很想忘记他们刚刚摆脱的欧洲故国的那些道德规范。如果我们何时忽略了这两种美国人之间奇妙而复杂的关系，我们在判断上就会出现严重的偏差。

　　下面让我来举个例子：诺顿教授对人十分友好，卡莱尔、波恩·琼斯，马修·阿诺德都是他的朋友。他彬彬有礼，学识渊博，绝对是一位高雅人士。其祖上好几代人都在新英格兰当过牧师。然而这样一个人居然无论在公开场合还是在私下里都遭到非难，说他的言行不符合美国的原则。但是也有另一种看法。曾有一位很了解他，判断力也很强的法国人对我说过："诺顿听了也许会不高兴的，但是他的确是个地道的美国佬。"这两种说法都有依据。诺顿教授恪守节操、思维敏锐、易于伤感。这些特点在旁观新英格兰的法国人看来是典型的美国人性格。但是对于华盛顿的政客而言，这些性格特征却不符合美国特点。

　　美国的哲学观念无疑根植于上流社会的传统中。它或者受到宗教信仰的启示，旨在维护宗教；或者在规模较大的大学中，有人刻意提出某些问题并借以创造出哲学思想。那些问题其实不是大多数美国人急于考虑的问题，但是对于思想界来说它们都是必须探讨的问题。然而假如你因为美国的学院派哲学家在思想上总是得过且过就认为他们与其他地方的学院派哲学家相似，你的判断往往是错的。在那些地方自命不凡者是没有市场的。年轻一代的许多哲学教授已经不再同时兼有牧师和校长的身份。他们的思想更像是医生、工程师或是社会改革者。他们头脑清醒，比起老一代人他们的工作能力更强，而且他们自己对这一点深信不疑。年轻的哲学家不像老一代的哲学家那样善辩也不如他们那么笃信基督教义，他的专业修养很高，但也晓得自己有令人不满的地方。他并不否认现在我们在很多方面已经变得很无知，但他认为即便如此他依然可以安然度日。他所受到的教育谈不上十分全面却会让人自命不凡。他做学问的风格令人感到可悲，社会的压力及其自身急于成功的欲望使他注定要超负荷地工作。他经常参加各种委员会的会议，早早的有了家室之累，勉为其难地著书立说，甚至不得不一天做两到三次讲座。他总是静不下心来，他所处的也不是一个宁静的环境，或许他内心深处对于纯粹的学问和纯粹的哲学思辨并没有多少兴趣，然而他依然兴高采烈，就像扛着笨重的武器装备蹒跚前进的普通士兵。他把信仰放在心里，放在自己应尽的职责中，容忍着别人片面的责难。他开明、真诚、有鉴赏力、乐于助人，对善良与科学的未来充满信心。总之，他是那个熙熙攘攘的民主社会中的一个成员，他从那个社会的热情、富于感染力的活动中得到了自己生活所需要的鼓励，同时也不知不觉地领悟到了哲学的精神。

显然这样的思想与美国哲学的传统，即使是上流社会的传统都相去甚远。一般来说他们并不是反对或是不喜欢传统哲学，而是对传统哲学进行了彻底的异化，或者说他们把传统哲学彻底忘却了。宗教信仰是传统哲学的支柱，就个人的感情或看法来说，新一代的哲学家会对宗教怀有一种温柔的尊重，但是宗教往往变成了政治机构，旨在施压于思想和意识，他们对此则十分反感。他们认为，宗教如同妻子，每个人都有选择和珍惜的权利，同时不喜欢别人在公

美国 "总统山"

　　在美国拉什莫尔山（Mount Rushmore）的东南坡上，有一群世界上最大的人面雕刻，因为雕刻的是美国四位总统的头像而被人称做 "总统山"。四位总统分别是：乔治·华盛顿、托马斯·杰弗逊、狄奥多·罗斯福和亚伯拉罕·林肯，他们是美国民众最为敬重的四位总统。

开的场合对自己的选择说三道四。迄今为止，美国一直是一个充满友善的国家，对生活很有信心，但也缺乏应付有害事物的经验。不久前，美国依然认为自己不会受人类遗传恶习的影响，不相信会有被邪恶的原则感染或毒害的危险。美国这个大熔炉中纳入的谬误与激情越多，它们就越是会更明显地相互中和，最终真理便会显现。任何哲学体系都会遭到人们 坦率的质疑。人们似乎在问它："好啦，给我们展示一下你的用处。我们不听任何宣言，也不要什么保证，我们只是给你一次机会做给我们看。无论是柏拉图，教皇还是艾娣夫人①，每个人都只有一次机会。"我难以肯定这种缺乏尊敬的宽容对于某些哲学体系的谬误来说是否是个严峻的考验，但这样做毕竟能使问题明朗起来。

美国的哲学传统几乎完全与德国的唯心主义合为了一体。在某种意义上，这种哲学体系不存在被采纳的问题，因为在新英格兰地区与之十分相似的一种哲学体系已经以先验论和一神论神学的形式自然地出现。甚至连最近出现的最不受约束的实证论派思想家（实用主义者，新现实主义者，纯经验主义者）都受到德国唯心主义的影响，在探讨他们的哲学观点时不应忘掉这种事实。这种哲学的根基很深，又受到心理学的支持，对于认识和主观主义持批判的态度。它依靠经验，认为经验才是实实在在的东西。早期的经验主义者认为经验是取得真正发现的方法，在寻找自然界存在的事物时，经验是比推理更为可靠的证据。但是现在经验本身被看成了唯一真正的实在物，是一切思想和理论最终要考虑的对象。这种经验主义并不是想建立科学体系，而是要实现更为彻底的批评和对传统信念的瓦解，其中也包括经验主义科学。美国的哲学已经在这种大胆的批评和瓦解的做法上取得成效。

批判哲学在原则上将一切事物归为意识，最终却又把意识本身分解成其他的事物。这似乎像是一种奇怪的报应。然而这种回飞镖式效应的走向并不难追踪。意识源于笛卡尔所称的思想或是思考———一种

---

① 艾娣夫人（1821—1910），美国基督教科学派创始人，宣传基督能治病，自称发现"基督的科学"，创办《基督教科学箴言报》，还创建了基督教科学教会，著有《科学与健康》等。

康德

　伊曼努尔·康德（1724—1804），他的"三大批判"——"纯粹理性批判"（1781年）、"实践理性批判"（1788年）和"判断力批判"（1790年）构成了他的哲学体系。在桑塔亚那看来，康德及其追随者对哲学的重要贡献是弄清了想象和意志的奇妙之处。

注意力所具有的可以同时观察若干客体的功能，这些客体无论在逻辑本质上还是在自然存在上都并不相同。意识赋予经历以记忆，赋予事实以情感，赋予文字以形象。意识所具有的这种综合的可转移的功能是它的一个优势，这种优势与任何其他深奥晦涩的道理一样是通过研究才发现的。通过比较和对照事物在思想方面的关联方式以及在自然本质上的关联方式，就可以发现意识的优势。在我看来康德和他的追随者们的为哲学作出的最主要贡献就是弄清了想象和意志的奇妙之处。这就是在他们的哲学思辨中实证的要素。在他们的逻辑心理主义以及有关自然和历史的自我中心论中，意识似乎是他们真正讲清楚的唯一存在领域。但是正因为这是存在的实证领域，是可以被揭示并可以坚定信赖的实际存在，所以任何对于认识论的恶意批判都不可能得出这样结论。批判者最终必须依靠的不是意识的实质，而是意识的论据。休姆作为批判家在这方面比康德看问题更敏锐、更深刻。因为意识是一种思考，所以审视意识时不可能将其本身当作一种被动论据来看待，而只能关注个人意识或想象的直接对象。

　　能用文字表达出来的哲学理论内容似乎不如理论本身那么丰富。而且在不得不使用旧的术语来表达新的含义时常常造成混乱。例如，如果意识被漠视，从思维的特有意义上来说，意识的定义就可以转化为直接呈现在意识面前的一系列对象，因此意识则开始意味着呈现在任何人面前的表象的发展空间。

　　这种语义含糊的特点在一个更为常用的术语中体现得更为明显，那就是"观念"。似乎可以说，观念即是意见、是思考、是对某个客体的看法。似乎还可以说若干观念即意识的若干客体。因为观念可以意味着形象，或者说被动的证据。被动的证据可以是任何东西——事物、性质、关系、主张——但是它们绝对不是思考。如果把这些东西称作意识或意识的成分则是极其错误的。可以被称作意识观念的不是这些被动的事物，而是主动的思考。心理学批评家若走错了一步，他便会难以止步。他的方法将会把他引入更为荒谬的立场。

　　记忆是对已经不存在的已经消亡的过去的认识呢，还是目前的经验？完善的哲学毫无疑问会认为两者都对，但是心理学批评会将记忆认识仅作为现存的形象和假定。记忆中的经验无疑能够准确地复原并再次呈现在现实中；但是过去的事实不可能真的出现在现实中，而只能被联想到并被相信。

　　因此，显然各种论据出现的历史次序不可能留存在任何一种论据中。这种秩序是可以被理解的，任何假设都是自然地被构成并被人相信，但它终归是一种假设，而且记忆和传说本质上的错误都已经证明这种假设经常是错的。对我们个人经历的次序的信仰相应的与物质世界的类似信仰一样教条、大胆和现实。心理学批评家一定会将这两种信仰都归为捏造的范畴，而且如果他坚持自己的方法，他一定会抛弃这样一种概念，即意识的对象是按照心理学的次序排列的，以便弥补各不相干的思想的漏洞。换言之，他不仅必须从思想和思考的意义上，而且必须从他自己认定的意识是一系列的观念这个意义上放弃意识。现在他会不无惊讶地承认，实际的客体根本不是观念：它们不存在于思想中（因为根本找不到思想），而是存在于他们周围有形的媒介中。事物仅仅是它们自己的表象而已，如果把事物说成是意识或者意识的组成部分则是荒谬的。根据对认识的全面批评，所谓的表象既不是个人的，也不是内在的，它们只是外在事物的某些部分，这些部分时常给人的感官留下印象，并通过人的神经系统得到回应。

这就是美国新唯心论者的学说。在致力于这一学说的人看来，唯心主义的逻辑已经发展到尽头，这种逻辑把唯心主义本身适时地推到了相反的方向。他们认为意识只是一系列的观念，然而观念只是呈现在某个人面前的事物的组成部分；而人（我们可以看到的所有人）指的是他的躯体以及呈现在他面前的其他事物；最后，在任何表象的意义上，所谓的呈现都不可能是指一种精神存在的东西，而只能是肉体的反映。这样我们便可得出结论，即：事物本身是存在的，意识只是这些事物某些部分的代名词。

　　威廉·詹姆斯仓促地得出了意识根本不存在的结论。我想我们也许可以推测为什么这一惊人的结论能在美国获得巨大反响以及为什么与其相似的阿芬那留斯的哲学体系也受到欢迎并一直有人研究。否认意识的存在即是否认显而易见的事物的前提，并且使那些事物孤立。这对于负担沉重、顾虑重重的一代人是一种慰藉。它似乎是一种令人愉快的简化。它摒弃了那种非民主的概念，那概念便是只要善于思索并且审慎、细致，人们就可以发现别人看不到的事物。如果他们认为细致、审慎和善于思索只能将人们引向毫无价值的发现，他们就会工作得更愉快些。否认意识的存在不仅可以恢复那些显而易见的事物，而且还可证明那些事物的所有成分都是同样实在的。不光是颜色、美丽和热情之类的东西，还包括以前被认为是思想产物的诸如规划、关系和抽象的性质，现在都成了存在的某个事物的组成部分。因为已经无需任何精神工具去创造和左右它们。于是美国的年轻一代便相信生活和学习的乐趣不会再被唯心论的蔑视泼冷水——唯心论常蔑视自然的幻想，蔑视科学的理智。所有虚构的东西和抽象的概念现在都可以被认为是客观世界的组成部分；这就使我们足以生活下去以便了解事物的本质。

　　假如我们略微换个角度看待这些问题的话，就会发现心理学批评转换真理的概念与其转换意识的概念很相似。首先，说法中的模棱性很相似。真理应该意味着一切真实命题的总和，意味着无限知识的内涵，意味着已经或将被世界证实的性质与关系的整个理想主义体系。真理是以永恒的形式表现出来的一切。从这个意义上讲，心理学批评与真理毫不相关，因为真理既非心理的东西也非人性的东西。这是唯心论的特有领域，无须心理学家们探讨。但是据我所知，没人否认它的存在，就连普罗泰戈拉①或实证主义者们都不否认。如果普罗泰戈拉说在任何时刻出现在任何人面前的任何事物都是真实的，那么这种真实无疑既包括事物的主体本身以及它的出现，因为对于一个感觉论者而言，事物不会超越他所能看到的范围，所以他的每次感知都界定了整个感知对象，而且认为这种感知是确实可靠的。但是这样一来万物的真理显然是由这些各种各样的感知组成的，每种感知都承载一个它无法放弃或是修改的观点，因为对观点的修改会引出一种全新的客体。进而真理就意味着这些感知和观点以某些多样、连续、持续等的关系互相支持，无论它们是否承认这些关系。同样，在当代的实用主义者从一种不同的相当抽象的角度描述什么是真理时，我不知道他们是否怀疑或注意到过他们思想中所假定的真理的真实性和具体性，也就是说，是否注意到过世界上有很多种精神状态，很多或多或少有益、有价值、不太稳定的观点。这些观点实际上还会演变成或多或少被人们所期待的令人满意的其他观点。诚然，每个实用主义者和每个思想家一样总是假设真正真理的实在。因为那是一种综合性的很多方面尚未被发现的真理，所以他只谈到了其中的一部分，而被他含糊地称为真理并希望将其归为实用功能的东西不是什么基本的真理，不是所有真实命题的总和，而仅仅是所有真实命题一定会共同具有的抽象品质，否则那命题就不能被称作是真实的。它所说的真理其实仅意味

---

① 普罗泰戈拉（约公元前485—约前410），古希腊哲学家，智者派的代表人物，提出相对主义的著名命题"人是一切事物的尺度"，著有《论诸神》等。

着正确。由于他所信奉的是唯心主义，所以一个观念正确与否时常使他感到极为困惑——唯心主义常把观点等同于客体。他不理解为什么观念会有正确的与不正确的之分，仿佛观念指的是什么别的东西。

当然，实际上只有我们不把观念看作论据而是看作意见时，观念就会有正确与不正确之分。从正确性的抽象关系来看，任何意见都是真实的。这种抽象关系也是很容易描述的。如果某种事物的构成与一种观点宣称的相符，那么该观点就是正确的。对于特定的个案来说，检测这种正确性是非常困难的，甚至是不可能的。最终我们也许不得不依据本能来相信我们最基本的观点是正确的。例如我们无时不在经历着时间的流逝，而正如坚定的唯心论所宣称的那样，过去和未来都不是纯粹的针对现在的概念。但是如果这些本能的观点是正确的观点，那么它们所依靠的也是已被证实的事实。这并不是被动的论据与隐藏的客体之间的相似性或衍生关系的问题，而是所断言的事实与实际存在的事实是否一致的问题。如果某个观点不能直接针对其所指的对象，无论这中间的差距有多大或是多么的不确定，无论对所选中的对象作何种断言都不能说这个观点有多么错误，因为这个观点没有实际的内容。

然而心理学家们并不关心某个观点在逻辑上断言了什么，而是关心它存在的情况。他们关注的是在某个观点周围的存在关系，这种关系当观念被认为错误时则不存在。他们的问题显然是难以解决的，因为这需要我们去挖掘被假定为被动论据的观念的象征力。这就好像语法学家要研究做宾语的名词要在陈述语态中做动词的现象一样。

威廉·詹姆斯把他论实用主义的书敬献给约翰·斯图尔特·米尔，

这并不是无缘无故的。心理学经验主义的原则是探寻思考中的要素，并认为思想只是以某种特定的顺序对这些要素的安排。诚然，自从米尔时代以来，分析已经稍许扩大了这些要素的界定范围，除了五种感官的数据以外，还包括某些单一成分，如关系情感、动态感觉、模糊不清的形象甚至心灵感应或是本能的直觉。但是在其原始的直接形式中，这些直接直觉论据必须按照这种方式为我们的问题提供完整的答案：一种观点可以拥有超越自身的对象，或符合另外的某种现实，观点的这种假定的力量必须只是某种位置的虚名，在经验的例行程序中，既定的要素占据着这个与其他要素有关的位置。认识和真理必须是临近和连续的形式。

在这种情况下，如果这个问题被转移，另一个类似的问题取代了它，而我们所选择的方法真正能够解决这个新问题，我们也不必感到惊奇。这种逃避并不是故意的，而是忠实于某个具有特殊效力的观点的本能结果，并不是在任何领域都会出现这种情况。我们没见过政治家们因为他们的政党给国家带来麻烦就放弃这个党，他们作为政客就是要将其政党的主张付诸实践，无论这些主张是好是坏。因此要求某学派的哲学家因为他们的方法解决不了某些问题就放弃那个方法，也是过分苛刻的。哲学家们的要务就是将他们的方法应用到一切可以应用的地方。当他们达到这一目标时，假如他们有超凡的谦虚和睿智，我们最多只能要求这些哲学家为其他学派的哲学家风度优雅地让路。

现在有一个可能与观念的正确性相混淆的问题。心理学批评倒是能够解决这个问题，那就是符号与其所代表的事物的关系问题。针对这种关系可以给出纯粹的经验主义的描述。符号与其代表的事物均是目前或最终的经验的对象，两者之间最后是由经验的转接连接在一起的。指代某个特定对象的符号本身无需永远保持不变或总是属于同一类别。对象的明确认定和宣示可以不用直接的形象而通过口头来描述，或者通过并不固定的感觉形象，或通过诸如位置之类的外在关系或通过它所拥有的专有名称来认定和宣示。如果我们同意这种认定而且最终接近了所指的对象，那么这些对象的名称就都传达了对对象的认识，而名称这种符号也就是正确的符号。

如果我没有搞错的话，这就是实用主义者所谓的真理理论的真正应用。他只关注符号与其所代表的事物之间的联系，并且为那事物提供一个实用的替代品。然而这种对于符号含意的经验主义分析或多或少地与对真理的不正确认识纠缠在了一起。例如，有人认为只要人们相信某个观点是真理那么它就是真理，或者只要观点是善意有用的，那么它就是真理，或者真理只有被证实之后才能称得上真理。最后的这一种暗示表明刚愎自用的个人哲学多么容易出现奇怪的颠倒或倒退。经验主义以往总意味着对过去的依赖，而现在一切经验主义的真理显然只关注未来，因为真理被认为是通过对某种假定的证实而获得的。对过去的假定当然是永远无法证实的，对过去的假定充其量只能由对过去的新的假定来补充，它们同样需要证据来证明其真实性，但这是不可能办到的。在这一点上，真正有胆量的经验主义者也许会说真实的过去只意味着我们能在未来想出的关于过去的观点。一致性是弥足珍贵的，与其他珍贵的事物一样，我们同样惊异于某些人为一致性所付出的巨大代价。无论如何我们都会得出一个奇怪的结论：极端的经验主义应该否认任何有关过去的观点能够成为真理。

　　这种毁灭性的看法正如普罗泰戈拉的看法一样，不是出自清醒的心理学分析：这些观点表达了一种很明显的急躁和思想领域中绝望的民主。迫切与激进的乐趣是巨大的，年轻的哲学家们不应该被剥夺这些乐趣。我们也许应该更为公正地忽略实用主义这些令人反感的小事。因为威廉·詹姆斯以及他的美国门徒们并不想为它们辩解而是毅然决然地转向普遍的客观主义道路。

　　这些激进的观点的精神实质其实一点也不消极，而是充满希望的、革命的、是执著追求确实性和纯粹性的。这种精神支持科学，因为科学是一种个体的探索、个体的经验，而不是一套道德含义的学说。科学与自然十分接近，热爱自然的人都明白科学的内涵。即使科学否认认知能力的存在，否认思想起着着色剂的作用，这种否定也只是形式上的。思想赋予世界的所有色彩一直显示在世界上。一切源于思想的观点和理想的对象都渗透在事物的本质中。大概这种说法不太容易理解或者说表达得不够清楚，因为这种新的实在主义还不成熟，如果它变得成熟起来，毫无疑问就显得不那么新奇了。我认为尽管它否认思想的作用，但它对理性的事物并无偏见，如果它拒绝承认观点甚至感知，也并非无视观点和感知所揭示的可察觉的或是理想的事物，而是设法为它们找到一个新的、更值得尊敬的位置（这或许是它自认为值得尊敬的位置）。这些事物并未被看作客观世界的精神表现，而是自然界本质的部分内容。

　　这其中似乎有唯物论的味道，但这些流派的特征和信仰并不属于唯物论的范畴。系统的唯物论是古代的一种哲学。这一信仰也许能征服一些头脑精明、思想敏锐的犬儒学者，因为他们就注意到了自身的以及世界的非理性因素并且发现了产生这些非理性因素的原因。这些人可能会毫无保留地接受唯物论，尽管它很苛刻、很挑剔。但是唯物论在初期只是对感知与科学的朴素的信仰，它也并非唯我独尊，而是愿意与其他哲学思想合作——无论是科学、巫术、形式主义或是生机论，只要有现象表明它们存在。从这个意义上讲，我们越是了解美国作家的模棱两可与不成熟，就能够越少地误解他们。

新大陆的美国的氛围似乎已经在两个方面对哲学产生了影响。首先，它加速了因袭哲学的大胆分解，在这个分解的过程中一直存在着现代哲学的影响。而现代哲学也因此加速了随后的发展。其次，年轻的世界主义的美国希望各种思想无偏见地相处与争辩。在对待思想方面的问题上，美国总是很小心谨慎。人类的思想掌握了比以往多很多的事实，而能把握住的原则却很少。思想的不定性和流动性能否形成一种伟大的哲学体系呢？积极想象的天赋和道德英雄品质是成为伟大哲学家的必要条件，而这些积极的天赋是与生俱来的，并不是后天环境造就的。但是如果真的有天才出现，那么他在美国所发现的大量建议和对假设的透彻分析都能使他避免误入歧途。尼采说过地球一直是个疯人院。我们不必反驳他，但我们也许可以换一个较为温和的说法：哲学一直都是狂热者的收容所。现在该是哲学少几分装腔作势而多一些认真研究的时候了。哲学思辨有如统治与管理，起初我们可能会对所处的不确定环境感到恐惧，就像意识到一直在很薄的冰面上滑冰时的感觉一样，但是了解真相不会使我们陷入更糟糕的困境。只要眼下我们更谨慎，也许明天我们就会更安全。

第 六 章

美国生活中的唯物主义与唯心主义

美国人认为缅怀过去是对时间的浪费，然而他们对未来却充满了热情，他们认为推荐一种意见或做法的最有效方式是直截了当地说那是大家都准备采纳的意见或做法。这种对他们所认可的东西的认可，带来了乐观主义待，或者说对期待的东西的认可，带来了乐观主义的态度。这种乐观是开拓者必备的素质。

英格兰与美国共同的语言与传统类似于其他的家族纽带关系：在生活遭遇大的危机时，他们将会团结在一起，但有时也会闹些小摩擦或是彼此挑点毛病。英美两国社会基础很相似，因此他们相处融洽，息息相通，都会本能地抵制那些阻碍这种和谐关系的东西。如果由于某种错误或是出于某人的失误使得两国之间出现一些分歧，这种分歧常会显得反常。他们都会按照自己的标准评判对方而不会像对待其他外国人那样必须发挥想象力从而站在对方的立场去考虑问题。

在道德、社会风俗和艺术方面，假如按照优点的大小把两国分处高下就有可能会伤害一些人的虚荣心，这种将两国相互比较的危险不仅仅会招致不满，更重要的是这种比较会损害理解，因为实际上优秀品质分很多种，各不相同，而且人们对待自由生活的态度也有所不同。比较是那些无法洞察所比较事物真谛的人所采用的权宜之计，哲学如果只能从某事物与另一事物的关系中去找其本质，那就太肤浅、太注重自我了。其实在美国自然存在的事物的核心都有某种独特的、与其他事物不可比的东西。这就好比一粒种子，它要靠本身的意志力在其特定的环境中竭力发芽、生长。变化是不受约束的结果，反过来自由又是精神上哪怕微小的根本性变化的先决条件。我奉劝读者不要在美国和其他国家之间进行比较，而要忘掉自我，去感受美国生活的内在特征、去观察美国人如何自然地形成其情感与判断，去如实报道

托马斯·杰斐逊

　　托马斯·杰斐逊（Thomas Jefferson，1743—1826），美国《独立宣言》的推动者，第三任总统。他曾游历欧洲，记下新成立的美国所要避免的任何东西，对美国的建立和发展作出了重大的贡献。

在美国这块新的自由天地里所出现的一切事物，也就是说我们有可能做到由表及里。

　　但美国人并不只有一个，而有好几百万，分布在东南西北各地，有男有女，有老有少，种族、职业以及宗教也有差异。诚然，我所举的那个美国人是虚构的，但是在阐述这类问题时运用寓言式的手法是必要的，而且不妨承认这一点。讨论自然存在的事物时，我们常会感到力不从心，讲求实际的人也许注意不到这一点，但是事实上人类的言论本来就不是针对自然存在的事物的，而是针对概念的本质，针对思想所提出、所戏弄的诗歌似的言词或逻辑术语。当命运或必然性把我们的注意力从这种惬意的概念游戏转移到赤裸裸的事实和亟待解决的问题上时，我们才会放弃华而不实的思想，去关注生活中那些大事的标志。我们只得用自己想出的标准去考虑世界上的一切活动与价值观。我所提到的典型的美国人就是这些标志之一。如果我要谈论按照迂腐传统进行分类的群体或是概念化的个体，我仍然要依靠标志来表达，创造出道德上的标准和虚伪的简便。碰巧，概念化的美国人与实际情形十分符合。虽然在美国生活着一些黑人，个体美国人之间存在很大的差异，但是他们所处的环境以及习俗、性情、思想却有很明显的一致性。他们都离别了故土与祖坟，毅然决然地一起投入了一个新的生活漩涡，而这个漩涡所在处原本是个空荡荡的地方。做一个美国人这本身就意味着一种新的道德状态，新的教育和新的生涯，因此哪怕是一点点唯心主义的虚构都足以掩盖每个美国人性格中的大部分特点，或掩盖大多数美国人在社会见解和政治判断上的总体取向。

　　美洲的发现为欧洲人提供了一种新的迁徙选择，除了黑人以外，所有的殖民者都是自愿放逐自己的。那些幸运者、守旧者和懒惰者难离故土，而具有不安分天性的人或者被他人排斥的人则很想去开辟新的天地。从这一点来看，美国人是最具冒险精神的人，或说是欧洲那些最具冒险精神的人的后裔。他们骨子里未必明智，但一定是社会上的激进分子。对于他们来说，过去的东西，特别是久远的过去的东西不仅没有权威，而且是跟现实无关的、拙劣的、陈腐的。美国人认为缅怀过去是对时间的浪费，然而他们对未来却充满了热情，他们认为推荐一种意见或做法的最有效方式是直截了当地说那是大家都准备采纳的意见或做法。这种对他们所认可的东西的期待，或者说对期待的东西的认可，带来了乐观主义的态度。这种乐观是开拓者必备的素质。

当然这样的性格不可能仅靠继承存在于某个国家。对传统的继承往往会使一个民族变得平庸，使那个民族屡屡出现返祖现象。美国人的特性得以保持且普国认同源自社会的传播功能或民主制度中极大的社会压力。然而有些美国人不那么幸运，他们或者生来保守，或者对富有诗意的微妙、虔诚的静修、令人愉快的激情感兴趣，不过这些人的耳边总是充斥着诸如要出色地工作、要发展、要进取、要变革、要繁荣的话语——每扇门都只朝这个方向敞开，所以他们要么封闭自己，在某个不被人注意的角落自生自灭（有时我们会在一些偏僻的地方发现这样的孤独、憔悴的唯心主义者），要么他们会直赴牛津、佛罗伦萨或蒙玛特尔①去拯救自己的灵魂，或许也可能是去躲避拯救。

先驱者的乐观主义精神并不只局限于对自身的看法以及对自己未来的展望，而会继续发展。因为他充满自信、感到安全、心情舒畅，所以他总是微笑着友善地对待周围的人和事。人们常认为个人主义、粗莽和自恃总与自私和无情相随相伴，但我认为这是一种偏见。伤害我们睦邻关系的应该是依赖性、不安全感和互不相让。当人们感到失望时（他们肯定会很快感到失望）对人们爱心的奢求就会导致怨恨和最终的卑鄙。只要盛奶的容器不摇晃，分别放在凉爽的地方，也不常打开盖子，那么人类的善良之奶就不容易变质。美国人并不多愁善感，但他的感情却很深沉，待人总是很友善。假如让我观察某个人的

---

① 蒙玛特尔，法国巴黎北部一座小山，位于右岸区，因其夜生活与凡·高、土鲁斯－劳特累克和尤特里洛等艺术家有关联而著名，原属蒙玛特尔村，于 1860 年并入巴黎。

18世纪中期的波士顿

内心深处，却找不到友善的影子，那我敢断定这个人一定不是美国
人。但是由于美国人是个人主义者，他的友善也绝非并无所图。美国
人生性和善，他敬重每一个人，希望人人都幸运。但他也有衡量友谊
的大致尺度，他希望每个人都自强自立，并且在轮到他帮助别人时也
能不吝援手。在他向邻居提供了一次机会之后，他认为这已经足够
了。但在他看来提供一次机会还是责无旁贷的。

　　正如自信有可能发展成自负一样，乐观、仁慈和友善也会演变
成对一切事物的糊涂的滥爱。对于心地善良的美国人民而言，很多
东西是神圣的：性是神圣的，女人是神圣的，孩子是神圣的，生意

美国的一所教堂

　　美国是一个宗教色彩很浓的国家，有百分之九十九的人信教。美国人认为很多东西都是神圣的：性是神圣的，女人是神圣的，孩子是神圣的，美国是神圣的……

是神圣的，美国是神圣的，共济会的集会地是神圣的，大学俱乐部也是神圣的。这种崇敬之情出自美国人对这些事物抱有的良好愿望，而且正是因为有了这份崇敬之情，这样的良好愿望才得以延续。如果美国人并没有把这些事物看成神圣的，他也许就会有时怀疑它们是否完美。贫寒的单身女人的唯心思想也属于这种情况，她们能够从丑陋的事物中看出美的内涵，她们感到十分幸福，因为她们的老狗有那么哀婉的眼睛，牧师的话那么感人，只有三棵向日葵的花园那么赏心悦目，已故的朋友曾经那么忠诚，自己的远亲那么富有。

　　现在来想想美国的空荡荡吧，这不仅是指某些尚无人涉足的有形的空荡荡以及北美大陆尚存的主要的空旷特征，而且还有精神上的空荡荡。一个移民点的人，甚至他们那种家很容易就能迁往其他地方，几乎没有人在他的出生地长久地生活下去，也没有人相信上学时老师的教导。美国人并非一气之下抛弃了这些累赘的东西，只不过是他东奔西走时不知不觉地就忘了那些东西。广袤的土地给精神和身体都带来了一种自由。你可以随意在任何地方支起帐篷，或者如果你想搭建点什么，你可以随心所欲地把它建成任何你喜欢的风格。你有足够的空地、现成的材料，而且不受任何固定模式的约束也不会遭到任何批评。你相信自己的经验，不仅因为你别无选择，还因为你发现你可以安心地而且很顺利地这么做。对一个想去开拓、探索的人来说，决定运气的东西并不太复杂。正因为你可以轻装就道，所以你花钱似流水，但是也取得了令你高兴的经验。失去一切身外之物其实算不上失去了什么，因为你仍然毛发无损还是原样的自己。同时你的进取心会给你提供应付新情况、不断创新的机会。此外，进取心还能教会你如何明智地处理问题。你的生活与思想将会变得简单、直截了当，没有什么可喜的起色和变化。你所做的一切都很刻板、很重实效，你不明白人们有什么必要为了所谓的优雅（也就是本能或习俗）而作出那些无关紧要的牺牲。在你看来，美术是传统的奢华，就跟希腊语和梵语一样，都是用来取悦贵妇人和阔小姐的。因为虽然你十分欣赏办事慷慨的风格，你却并不承认办那些事不是为了利益。遗憾的是艺术制作从本质上说也应该是慷慨的并令人愉快的，因此艺术的问题并不在其明确的专业追求上（因为这时美术便成了一种实际的任务和某种生意），而在于其影响广泛的魅力上，天才的艺术家都追求这种魅力，这种魅力也是人类一切行为合格的标准。精致比简约更受喜爱，精致需要造诣，而简约则是最基本的标准；风格会受些许损失，表现能力损失最大。对于美国人而言，想用新奇方法尽快处理问题的急切心情和赶紧收获成果的热情使他不愿追求历经曲折才会得到的享受。取得成功的路必须是捷径，而象征只能仅仅是象征。如果他的妻子渴望奢华，她当然可以得到；如果他有某种恶习，那也是允许的，但所有这一切都必须分门别类地记录下来。

同时，美国人还富于想象力，通常生活紧张的地方，人们的想象力也格外丰富。人们如果缺乏想象，就无法生活。但是他的想象力是现实的，所预测的未来也是很直接的，在数字、度量、设计、经济以及速度等方面他都根据自己的经验，用最明确的措词来说明自己的想法。他在处理问题时是个唯心论者，但在理解了事物的物质潜力之后，他却可以成功地发明创造，稳妥地改革，迅速地应付紧急情况。一生中他总是能够及时投入并及时退出，从不会落伍也不会付出很大的代价。有种热情使他能够有分寸地驾驭物质力量，这种热情甚至使他收敛了平时的偏执秉性。好的工匠很难将自己的能力和自己的艺术意向分辨清楚，也分辨不清自己的潜力与能够实现自己意向的东西之间的差别。据此他的理想也会以某种预感或预言的形式出现，其中一些谨慎作出的预言通常会成为现实。美国人快乐工匠式的理想便是如此。当他是个穷孩子时，他也许会梦想能够上学，后来他真的就上了学，或者至少得到了一个学位；他梦想腰缠万贯，后来他真的变得很富有，也许在速度和程度上并未如他所愿；他梦想能够娶到他所爱的拉结（《圣经·旧约》中，雅各的第二个妻子，他第一位妻子利亚的妹

自信的美国人

　　图为 1773 年，第一位真正的"西部人"丹尼尔·布恩率领一批人向美国西部进发。"美国人自信且满怀主宰意识地微笑着，他相信上帝和自然都在帮助他。"

妹），而实际上他娶到的是利亚，即便如此，他仍会在利亚身上看到拉结的影子。他梦想能为支持并推动一个庞大、活跃和进步的社会的发展作出贡献，后来他的确做到了。与自然紧密相连的理想差不多总能实现，美国人自信且满怀主宰意识地微笑着，他相信上帝和自然都在帮助他。

　　据此美国人的唯心论总是与对现实的满足和对未来的憧憬携手同行。美国人不是革命家，他相信自己正沿着正确的道路走向美好的未来。而对那些革命者来说，对现实的不满是唯心论的基础和表现形式。在他们看来，现存的事物只是一些无理性的事件和恶习的荒谬混合，他们希望未来基于推理而且是他们所奉行的行为准则的完全体现。他们对与现实截然不同或完全不可能的事物（如果他们想象得出的话）有热情，这种事物很单纯，他们喜欢并且相信这种事物，因为他们的本性有这种需求。革命者认为只有消灭掉生活中的一切官僚机构才会有生活的自由，因此在寄托希望时他们是极端的唯心主义者，但在涉及感知和记忆时，他们则远不像诗人和艺术家那么唯心。在文明社会中他们对一切隐现的美好事物颇为麻木，因此在对现实的事物的看法上，他们往往是粗心的现实主义者；他们对道德世界的无知和缺乏经验表明他们不善于接受教育（除非那无知和无经验是运气不好造成的）。正是缺少教育和内在活力的共同作用催生了唯心论。在理性方面，我们应受谴责的是我们爱用想象的东西永远取代事物本身的面貌；如果扩大一点来说，我们应受谴责之处还在于我们总爱先验地空想，然而这种空想却使我们勇敢而固执地追求我们所谓的美好的东西——也就是能满足我们本性需要的东西，哪怕命运为这种追求提供的机会很少。但是革命者缺乏对过去和现在事物的洞察力，这就在很大程度上影响了他们对未来的唯心主义判断，从而使他们对未来的梦想难以实现。对人类而言，经验对于正确的具体思想的形成是至关重要的，而对其他动物来说也许并非如此，因为它们的思想比我们的更早定型。甚至我们原始的本能也是在遇到了诱发它们的时机才得以表现出来的，而且这些本能可能刚一得到部分的满足就会发生变化。因此不能完善经验而只去完善先验的空想的人不具备准确预言的能力。他的梦想都是痴心妄想，他的意见会成事不足败事有余。正相反，美国人的唯心论则极其有益，与可行的变革息息相关。美国人的烦恼源于无益的或与变革无关的事物的干扰，无论那干扰是唯心论还是惰性，因为那会使他所期待的很容易得到的成就付诸东流。

美国人是活力十足的，他的活力并不总能找到合适的表现形式，这令美国人在表面上显得焦躁不安，他总是夸张地表现自己过剩的精力。但美国人的活力并不脆弱，那是一种内在的动力，其反应像磁针那么敏感、迅速。美国人好奇心强，并且总能立即回答自己提出的问题，但是如果有人试图教他们处理那些他们不感兴趣的事情，他们会格外地抵触与健忘。因此，美国人总是在一些方面非常在行，而在另一些方面则十分愚钝。他们并没把人类可悲的历史放在心上，总之，美国人还不成熟，还很年轻。

我们都觉得美国人还很年轻，这有没有道理呢？他们的国家跟任何其他国家一样也有许多上了年纪的人，他们也是亚当的子孙或者是亚当的达尔文主义对手的子孙，这跟他们的欧洲远亲没什么两样。他们的观念也并非总是很新。像小孩子一样，他们的头脑里并没多少陈腐、僵化的道德与宗教方面的戒律，却知道不少适用的古老政治知识。他们虽然十分熟悉这种古老的政治知识，却并不等于十分理解它。把传统的观点隔离起来不加以任何批评，这种做法本身即是一种不成熟的表现。一个规规矩矩的年轻人自然是保守的，他会对没经过自己亲身检验的所有问题都持毫不怀疑的态度。在美国，涉及政治、婚姻或文学的自由看法比较少见，那些方面的问题往往是女士们闲谈的内容，女士们通常会毫不客气地予以抨击，而男人们则只顾埋头干自己的工作。因此，尽管美国人的观念一般说来是守旧的，但

美国的第一面国旗

美国的国旗是由贝特西·格丽思康于1776年根据华盛顿等人的要求设计的，国旗上有十三颗星和十三条条纹，象征着全新的"国家格局"。桑塔亚那认为这个年轻的国家充满了活力。

他们显然还比较幼稚。我想这大概有两种原因。一种原因是他们主要关心的是周围的环境和眼前的事情，另一种原因是他们对周围环境的反应时常是本能的、不露声色的、轻松的、自信的。他们的观念还很单纯，他们的意志还未消沉或改变。然而，跟在其他方面一样，他们的观念和意志目前也许会发生大的变化，因为他们可能正迈向成年。我所说的这一切或许并不符合他们的现状，更不符合他们的未来。我只是就我的了解发表对他们的看法。无论他们身上的精神力量今后变得有多大，我也会很高兴在他们尚不成熟时便认识了他们。即便青春有点不那么稳重，可是其魅力却在于它常有本性的冲动，它能毅然地服从那种单纯的、富于潜在生命力的原则，正是那种原则塑造了身体及身体的器官并且总是在指导它们的动作，除非恶习或必要迫使那原则让它们扭曲或中止它们的作用。即便岁月必然使人外表变老，可是精神却可以永远年轻，只要精神能找到突破口，它还会立即返老还童。虽然跟最有朝气的美国人一样，在内心里我们都很年轻，但是美国种子却落在了处女地上，它可以在那里更勇敢地迅速生长，不必顾虑参天大树的面子。当一个民族自然成长的青春期为较多的所有物和先入为主的观念所累时，它就会显得比较老，会念念不忘那些自己失去的或错过的东西。美国人则没有这种毛病。

在美国，人们对存在有一种虽未明言却很乐观的看法，即存在越多越好。无情的批评家也许会竭力争辩，认为"量"只属于物理范畴，并不意味着"质"优，然而无论好坏，"量"至少提供了充足的机会。年轻人总是满怀好奇心和渴望，他把存在看作美好事物的前程，他的生存本能决定了他相信无论自己将成为什么、将看到什么、将做什么都是有价值的。因此，重视量并不是对"巨大"的幼稚的欢欣和惊奇，那是渔夫面对一大网鱼的喜悦，他自然会觉得要好好享用它们。这样的乐观主义是温良的乐观主义。造物主没能让我们在人生之初就很精明、很有见识，但是她鼓励我们用自己的能力去获取成功并从中享受乐趣，那种乐趣往往使我们忘记了辛劳，正像垂钓者的乐趣往往在于钓鱼而不是吃鱼，他总是耐心地等待鱼儿咬钩，常常误了吃晚饭的时间。开拓者必须专心致志地为成功做好准备工作，他必须为未来而尽心尽力。为了工作而敬业是有益的同时也是他应尽的责任。此外，除非他所有的行为都为最终目的的实现起到了一定的实际作用，否则他就有变成一台活机器的危险，那样的机器只会可笑地徒然运转。针对工作的唯心论可以掩盖针对生活的认真的唯物论。既然人是有理性的动物，那么他就不可能仅靠面包生活，也不可能每天只是干活。他必须让吃饭和工作达到理想的和谐并且让这种和谐贯穿终生，而这种和谐的实现有赖于吃饭与工作相关联的方式，或者说有赖于它们共同的最终目的。否则，尽管他那专门的哲学将自己称作唯心主义，其实在行为标准上他却是个唯物主义者。他尊重东西，因为它们有使用价值，他尊重自己因为自己有力气。就连感觉论者、艺术家、享乐主义者也比他明智，因为即使他们的唯心主义是杂乱无章的或者是腐朽的，他们却得到了某种理想的东西，并且只重视那些有实际作用的东西。尽管他们也许目光短浅，却并不违反道德标准。当我们不把知觉当成行为的信号而是抓住并仔细察看它实际反映的东西时，就会发现知觉指示了某种概念性的东西———一种颜色、一种形状或一种声音。如果根本不去考虑它们的实质意义，只把目光停留在这些东西的存在层面上，那便是美学上的唯心主义或梦幻的唯心主义。从这种唯心主义转向对物质的认识是理智上的一大进步，也关系到对世界的支配，因为在使用工艺中，人的思想对准的是较大的对象，这就需要思想更有深度、更有潜力。具备了这样的思想才会使人觉得所谓的物质世界是真实的，而理想的世界并不真实。物质世界当然是真实的，因为否认物质存在的哲学家就像否认荷马的批评家。如果从来没有过荷马这么一位诗人，那么一定有过许多文才不亚于荷马的其他诗人。如果物质并不存在，那么一定存在着其他东西的结合体，这种结合体会具有同样的物质性。然而，如果物质没能带来精神成果，那么物质世界的严酷现实就会阻止它成为我们眼中令人生厌的废物，或者甚至成为恐怖的深渊。实际上，物质的确带来了精神成果，否则我们也就不可能挑剔它的毛病，提出与之相反的理想的东西的标准了。大自然是物质性的，然而却不是唯物主义的，有大自然才有我们的生活，她哺育出各种激情和闲置的美的东西。除了大自然的精神成果之外，我们认为其无意识的辛劳与混乱也都具有精神唯物主义的性质，而对其精神成果的不断感知和热爱则是精神唯心主义——这里指的是非物质的东西带来的欣喜与融洽，例如喜爱、思索、宗教信仰以及其他一切美的表现形式所给我们的感受。

美国人的生活环境迫使他们接受了精神唯物主义，因为在他们与物质的东西打交道时，他无暇停下来欣赏那些东西中合理的因素（那些因素是理想的），也不会立即懂得它们最终的用途（那些用途也是理想的）。与诗人相比，他们是世俗的。人们通常认为这种唯物主义给人印象最深的表现是美国人对万能的美元的热爱。然而那只是一种外国的无知的看法。美国人总是提到钱，因为钱是他能够很方便地衡量成功、智慧和能力的标志。可是单纯就钱本身来说，他可以挣钱、失掉钱、花钱、不当一回事地把钱赠人。在我看来，他的唯物主义给人印象最深的表现是他对"量"的偏爱。例如，如果你去参观尼亚加拉瀑布，你可能会想肯定能听到美国人介绍这个大瀑布每秒钟有多少立方英尺或公吨的水从山崖泻下，又有多少座城镇（以及多少城镇居

美国的巨头们

  四位巨头分别是：安德鲁·卡内基、约翰·皮尔蓬特·摩根、约翰·D.洛克菲勒、安德鲁·梅隆。他们都是美国财富大亨。美国人总是提到钱，因为钱是他们能够很方便地衡量成功、智慧和能力的标志。可是单纯就钱本身来说，他们可以挣钱、失掉钱、花钱、不当一回事地把钱赠人。

民）的照明和动力之源是这个大瀑布，以及得益于这种动力的工业的年产值有多少，这个世界最大奇迹的水力资源取之不尽，依靠它而生产的工业也不会伤害旅游业的发展。抵达靠近瀑布的布法罗市时，我很有把握地认为会听到这样的介绍，可是我错了。我听到美国人介绍的第一件事是布法罗所拥有的柏油人行道的英里数比世界上任何其他城市都多。这种对"量"的偏爱并不仅体现在工商界人士身上。有个学期刚开学不久，哈佛学院的院长遇见了我，他问我教的班的情况如何。我回答我觉得他们学得还不错，学生们似乎都比较好学，也很聪明。院长打断了我的话，好像我正浪费他的时间。他说道："我的意思是你班上的学生的人数是多少。"

我想我们会发现这种对"量"的爱有个常保持沉默的伙伴，这是位对于"质"总不好意思开口的伙伴。民主的良心对任何有特权味道的东西都采取躲避态度，它唯恐将不适当的特权赠给了什么追求或什么人，便把对所有东西的认定尽可能压低到"量"这个有共性的标准上。数字不会撒谎，但是假如涉及对美国哲学各种理想的美与英国哲学各种理想的美进行比较的问题，那该由谁来决定呢？大学里所有的学科都不错（否则还要大学干什么？），可是那些吸引学生数量最多的学科却应该得到最大的鼓励。院长所提问题的根由即在于此。对"质"不好意思开口的民主信仰把教育的缰绳丢在了学生的脖子上，就像堂吉诃德把缰绳丢在了瘦马驽骍难得的脖子上那样，让天赐的直觉自行其是。

美国人还从未面对过《圣经》故事中约伯所遭遇的那么多危难的考验。他们已经有了成功地克服大危机（如南北战争）的经验。既然他们已经再次成功地战胜了大危机，他们可能会像另一次那样完全致力于发展企业、争取富足。然而，假如严重的无法克服的苦难突然降临，他们会是什么态度呢？到那时我才能发现其性格深处是唯物主义的还是唯心主义的。同时，他们的脑子也不会总是运转而不休息。他们喜欢幽默，甚至喜欢风趣的言词。幽默是精神上无束缚的一种表现。他们热爱自然景色、热爱人类、热爱知识。他们发现至少音乐是一种他们真正喜欢欣赏的艺术。在音乐和自然景色中，在幽默和友善里，他们真切地感受到了理想，或许比他们在乏味的学院派唯心主义和繁忙的宗教里所感受到得更真切，因为甚至连美国的宗教都整天忙着开会、筹集房屋建筑基金、开办学校、组织慈善机构、建俱乐部、搞野餐活动（英国是否也是如此呢？）。为了简朴而生活得穷一点，为了产品更精美，同时也是为了让人们省点心并摆脱废物之累，而少生产一些产品——美国人的脑子里还没有这种理想。然而我好像在各处都能听到人们的叹息声，那是不堪天天忙碌和社会压力的呻吟。这种渴望压力减少的重要证据是那些大众化宗教的新的变异，它们并不仅仅是传统的变异，而是新出现的花样，例如基督教的奋兴运动、唯灵论、基督教科学派、新信念派。目前有些外界的或精神上的力量尚未被人类所利用，无论我们是否能通过某些途径利用它们（在这方面没有什么事是完全不可能的），我们无疑可以尽量消除生活进程中的阻力与浪费。我们可以松弛病态的过度紧张、解除对本能的束缚、抚平心灵上的伤痕，让自己变得朴实、可爱、心平气和。这些宗教运动正是朝着这种有益于人类健康的目标努力前进的。虽然这些运动是平民的运动，没有什么伟大的指导思想，也并不企图把人从平庸、单调、世俗的生活状态下解脱出来，不过它们却有可能在这个较低的基础上

让人变得心身健康，并且正在做着这样的追求。这才是真正的道德规
范。像各种动物的天赋一样，我们各种生活和思想的尊严价值也是相
对的。势利小人只敬慕一种人，他敬慕的人也颇能说明势利眼的偶像
是什么样的；或者势利小人对他们既羡慕又憎恨，这种态度本身即是
势利眼的态度。正相反，向圣弗兰西斯、狄更斯那样真正热爱生活的
人就晓得在每一座泥巴住宅里，无论其主人天资如何、地位怎样，却
可能生活得十分美满。就像不应有地狱惩罚的威胁那样，也不应有逼
迫工作、逼迫前进、逼迫改革的命令与威胁。如果一个人的灵魂不自
由，那么世界的解放对他又有什么好处呢？思想自由来不得虚假，因
为理想即是心愿也是理智的表现。在生活中，我们真正需要的是经常
暂停奔波忙碌去享受生活，是使我们的思想感情升华到能欣赏真正美
好的事物的境界，那么一旦我们发现并喜欢上了那些美好的事物，无
论发生了什么其他事，都不会影响我们的幸福感。这种自然理想主义
并不意味着我们不重视物质，只说明我们有朝气、有活力。美国人民
有正常的理智。当理智处于正常状态时，它便已经摆脱了一半的束
缚、其本身即已经变成了一种乐趣。美国人民有副热心肠。正直的古
道热肠必有善报。好人的心不应总是单纯为血液的循环而辛勤地工
作，时间及其本身的跳动将为它安上翅膀。

第 七 章

美国的英格兰式自由

韦伯斯特曾大声疾呼：『自由与团结，永远重要，它们是一个不可分割的整体！』在韦伯斯特这激昂的呼声背后似乎蕴涵着严肃的道理，甚至蕴涵着深刻的思想，因为倘若你为了自由而丢弃了团结并拒绝在目的上相互适应（不同的目的会对其中的每一种目的造成损害），那么你主张的自由就失去了广泛性、灵活性，失去了不怕变化而顽强存在的力量，也就是说为了变得肆无忌惮与绝对，那种自由不再是尝试性的、富有人性的。

　　虽然有时候人们可以放眼望过多佛尔海峡，但是它却足以将英国孤立起来，因此英国从未在政治、道德标准或艺术上跟欧洲的其他国家步调一致过。而大西洋虽然方便了形形色色的移民和洲际往来，它却有效地孤立了美国，因此那里所有的人，甚至包括那些拉丁血统的人，都变得跟任何一种欧洲人都大不相同，这也许让人莫名其妙却也毫不奇怪。尽管人们认为他们跟欧洲的远亲信奉同样的宗教、说同样的语言，可实际上并不是那么回事。美国的一切都改变了其原来的特点、精神与价值。植物与动物一直陶醉于那里纯净的土地、清新的空气、辽阔的乡野，虽然它们有物种遗传上的差别，可它们都具备同样粗放不羁的特点。跟欧洲同类的动植物相比，它们显得顽强、枯瘦、大胆、丑陋。在美国，当然早期的多数殖民地开拓者就是比较特殊的英国人，但是除此之外，开阔的生活视野和快速的生活节奏也使得一切都跟英国有了不可思议的差异。美国人的特征是活泼而不是顽固，是自信而不是谨小慎微；他们总想刨根问底弄清一切，还渴望引人赞叹而不是怕被人误解或怕自己感到惊愕。他们喜欢真诚、喜欢夸张、喜欢可笑的幽默。当英国人偶然出现在他们面前，或当他们想到英国人时，他们会非常不耐烦，会感到恼火，原因是他们觉得英国人的观点过于僵化、脑子太缺乏想象力、思想上负担太多（就像坐在装满压舱沙石的船上航行），而对风的变化又基本上麻木不仁，不像他们那样对这种变化极为敏感。

华盛顿宣誓就任美国总统

　　1789 年，华盛顿将手放在《圣经》上，宣誓就任美国第一任总统。从此美国脱离了英国的殖民统治，但是在精神上，他却和欧洲远亲——英国保持一定程度上的一致，都有一种自由合作的精神。

　　不过，有一种属于英格兰的天赋或者说习惯不但在美国丝毫未变地保存了下来,而且在美国发现了更有利于显示其真正本性的环境——我指的是自由合作的精神。自由合作的基础是自由的个性，自由个性的意识深深地扎根在英国人的灵魂中。在英国人身上有一种不屈不挠的本能或者说精神，尽管他也许表现这种本能时有点扭扭捏捏，他却总是请教它、尊重它。但是在英国，也有大量残余的社会束缚反对自由个性，对它持有偏见。教会与贵族的影响力、习俗与特权的羁绊，对某些不平的事的怀疑与愤懑都是导致人的灵魂扭曲的因素，这些因素违背个人的利益硬让他参与陌生的事业。多佛尔海峡太窄，怀有敌意的欧洲大陆的阴影令人感到太压抑，英国的草地上有太多的露水还有太多的篱笆把它分割得零零碎碎，以至于每个个人尽管颇能自制，却难以无所畏惧或毫无偏见地面对每个其他的个人，难以跟那个个人携起手来去自由地追求他们也许会发现的共同目标。然而，美国所具有或者说所信奉的唯一一种民主中的自由，也就是公民的这种稳重合作的自由，从个人基础、从限度、从执著程度、从经验、从公益精神、从本身正确性的把握上来看，全都是英国式的。而且无论它传播到哪个国家它都应该永远被称作英国式的自由。这种合作、责任发展的精神在美国无处不在，这种现象非常显著。它非但没有被美国的闯劲和勇气抵消或消失在各种移民相反的本能中，而是好像立即被由各种人组成的团体所推崇，同时在各种新奇的困境中体现出来。在美国，社会束缚已经很少；实际上，我们差不多可以说这种束缚已经减少到这样的程度：管小孩的只是妈妈和公共教育机构，这些教育机构是培养人的机构，是使他能够有效地发挥个人积极性所必不可少的机构，因为无论形而上学的自我主义怎么说，一个人不可能投票决定自己投生在哪里。然而一旦投生，并经过断奶、被教会读书写字之后，年轻的美国人便能轻松地背起背包去选择他在世上想走的路。但是这时他还不会因缺少机会而感到受束缚，在地位、阶级、宗教等方面他还无根基可言。当一个人如此自由时，他愈发愿意合作。各方面的合作都被认为是理所当然的事，谁也不会那么自私、那么目光短浅而拒绝合作。连同工作和发迹的愿望，合作精神也是美国风尚的精髓，他被各种各样的来新大陆求生的移民所接受，因为他们受悲惨命运的驱使、勇气十足地要按照新原则开创新生活。合作精神充分反映在每个政治团体、每次公众集会、每个俱乐部、每所大学和每个体育队中。每当大街上出现了事故、教会出现了分裂迹象或者国家出现了像后来的战争那样的意外的重大紧急情况时，合作精神就表现了出来。人们的一致本能使人们跑过去帮忙、主动指导，通过互相适应或采取最简便有效的措施以及可行的妥协办法渡过难关。每个人都走上前来，伸出援手，并没有什么事先想好的计划，也没有盘算好的目的。如果一位领导人是个临时的而不是职业的领导人，那么连他也不会有什么高招强迫他人；人们的友善显而易见，他们的心理很单纯。大家相聚时都抱着一种真诚磋商的态度，很想说服别人可是也准备被别人说服；当问题产生并清楚地摆在他们面前时，他们会对自己平凡的能力充满信心，相信能暂时解决它并继续前进。在所有情况下，大家都有一种绝对的共识，即有争论的问题应通过表决来决定，少数人应无保留地同意多数人的决定，此后要遵守自己同意的诺言，永远不应产生反悔的念头。

这种做法似乎在美国已经成了很自然的事，因为它已扎根在人们的心里成了习惯，或者说已经成了正常的民主国家中不可抗拒的社会风气。可是如果我们充分考虑到人类的本性和大多数国家处理问题的惯例，我们会看到这种做法很罕见、很了不起也很不稳定。这种做法暗示了一种缺乏想象力的乐观的臆断，断定从根本上说所有的人的利益都是相似的、可以和谐共存的，所有的人都具有相当崇高的公益精神，特殊利益都不得不夹起尾巴，因此特殊利益将不会出来反抗并试图坚持到底。在美国，这些条件迄今刚好都得到了很大程度的满足。在开发从业的机会、组织对大家有益的公共服务事宜上，众人的利益

富于自由合作精神的美国人

美国有自己"保健的"宗教和教育，大家在不知不觉中吸收其内容，同时它们也保证了人民道德上的团结一致。人们能够互相帮助而自己也没有太大的牺牲；少数人可以没有懊悔地取消自己特殊的计划，高兴地随众人走另一条路。

非常相似；而且这些相似的利益一直都是共存的、协调的。在土地面积很大、也没有被抢先占用的地方，一位邻居、甚至一位竞争对手常常会变成可帮助自己的人而不是一种危险。富人们虽然也剥削公众，但他们更多的是帮助公众；有进取心的穷人努力赶上或超过他们而不是恨他们或为他们服务。消灭百万富翁等于毁灭自己的希望。由于美国有能力负担表面上看来奢侈的东西，最为对立的不同的宗教和教育制度才能够友好地看待彼此的昌盛。当然美国有自己"保健的"宗教和教育，大家在不知不觉中吸收其内容，同时它们也保证了人民道德上的团结一致。在这种环境里，人们身上潜在的理性和善良的推动作用会变得很有效。人们能够互相帮助而自己也没有太大的牺牲；少数人可以没有懊悔地取消自己特殊的计划，高兴地随众人走另一条路。

正因为美国的生活比英国的生活很自然地更富有合作性和可塑性，英格兰式的自由精神（这种精神本来就需要合作与变通）才在美国表现得比在它的故乡更勇敢、更普遍。

英格兰式的自由是一种方式而不是目的。它跟人类生活的价值相关，正像警察跟公共道德、贸易跟财富有关一样。英国血统的人种擅长贸易、擅长在无线电里做商业广告，在注重工业的艺术包装方面有杰出的才能；他们已经成功地管理着自己的贸易，如今正着手控制全世界的贸易。这种现象绝非偶然。这跟他们的性情平和、态度友善、办事可靠、善于迁就有很大关系。或许其他种族的人，例如犹太人和阿拉伯人，从个人角度来看，是更出色的商人，他们更精明、更有耐心，很热爱自己的经商技艺。英国人和美国人似乎时常错过机会或抢夺机会，时常急功近利或时常安然地经营运作笨重迟缓的大公司。以成功人士的标准来衡量，他们还缺乏特别敏锐的观察力，缺乏坚持不懈的精神，缺乏节俭的习惯。但是东方商人的优势只局限于个人的经商技巧，他们缺乏的是合作精神。在英国的文明概念中，个人是中性的。即便一个人社会地位很高，可是却相当愚蠢或者相当平庸，那也无关紧要；公众精神托举着他，也许正因为他本身并不那么出类拔萃或者头脑并不那么清楚，他才更愿意当公众的工具。社会繁荣了，人们享受着舒适、科学，他们的举止彬彬有礼，他们的心中充满怜悯之情，这些都不是得到某些人老谋深算的指导的结果。当然老谋深算有时也会给像德国那样的对手带来一时的优势。世界上有很多隐藏着的难以理解的东西，所以适应整个世界最终只能零打碎敲，只能慢慢摸索，只能有模糊不清的目标。英国方式的宽松性使其具有了探索未来的潜力。若想控制世界，合作比权谋更有效，经验比灵感更保险。英国认为自己的帝国主义不是存心的帝国主义，对它来说军事战利品是次要的东西而且常常保持不住；它还认为自己的帝国主义的存在靠的是习惯与利益机械的均衡，在这种均衡中每块殖民地、每个境外的行省或每块保护领地都有不同的地位。它具有商业和传教的性质，它实质上是邀请境外的地方协力发展，不过许多国家并不能接受或理解这种"邀请"，或者那些国家全都鄙视这种"邀请"，因为那意味着他们那方将拱手交出绝对的自由。英国却觉得无论被接受还是遭到拒绝，那总归提供了合作，是提供有限的合伙方案，并不是强加在任何人身上的完整的生活计划。

在跟外国人或物质性的东西（对精神而言，物质性的东西即是外来的东西）打交道时，把自己局限于用这种方式建立对外的关系，进行部分的相互调整，给对方留一些独立以及其他想保留的东西，这样做可谓聪明的本能。你若企图得到更多，反而会得到更少。你的解释将变得荒谬，你的统治将变得可憎。这种精明的本能深深扎根在英国的本性中，即便在国内这种本性也会显露出来。英国的天才搞出来的大部分具体的东西都是应急的东西。它那些精神上的宝贝算不上什么财产，就像性格算不上什么财产一样。精神上的东西不过是一种生活标准、一种允诺、一种安全保障。英国的诗歌和小说是个例外。英国的诗歌与小说跟具有英国特征的许多其他东西一样，既无条理又缺乏艺术性，但是无条理的松散、缺乏艺术性的朴实反倒使它的文学作品具有了绝对价值。它的文学作品是灵魂的镜子，是灵魂的咿呀语声。那是迷失在其热爱的绿茵茵土地上的稚气的灵魂，那灵魂常惊愕、困惑，它英勇、有信念、时常有点固执的偏见；然而却又很敏感、坦率，常奏出优美的音乐、表现出温和的幽默和带悲剧色彩的自知之明（比如《哈姆雷特》）。可是除了反映心声的文学作品之外，就英国语言、英国教会、英国哲学以及英国的普通法和议会政体来说，却没有人把它们当作艺术或真理或理想的国家组织的完善的表现。风俗习惯形形色色而且"步履蹒跚"，它们不可能是事先计划好了的东西，也绝不可能被传到另外的环境中或者被百分之百地采用。风俗习惯产生于特殊的艰苦环境中，本地人接受并珍惜它们，因为有了这些自己的习俗，本地人才会放心地敞开大门，迎进大量的"外来货物"。

当然，思维的产物绝不仅仅是为达到某种目的的手段。所有的思维的产物同时又是性情的表现，在它们讲究实际的风格中有某种富于诗意的东西，这种东西抓住了心动的节律。英国和美国所有的文明成分都是外来的成分。当任何外来的东西被采用并且适应了当地的环境之后，它的"口音"就改成了当地的"口音"，尤其是在英国人的嘴中，就像英语中那些拉丁词一样，实际上已经完全变成了英语。还有英语的《圣经》，它文字古朴、凝重，颇能发人沉思，就像英国古老的民谣常让人想起本地的过去，让人品味富于本地色彩的想象力那样。《圣经》让人记住了许多严肃而辛辣的警句；它是用富于诗意的语言写成的，这种诗意是一种自己内心思想感情的流露，所以人们会觉得它比《圣经》中声称要传播的陌生的启示更中肯、更受欢迎。如果只把英国的法律和议会看作实用的工具，那也是很不公平的，因为在表达人们的感情、按人们的感情行事时，它们同时还满足了人们的道德利益。法律与议会是合乎礼俗的，甚至可以说是极其神圣的。它

早期的美国国会大厦

　　1793年，乔治·华盛顿亲自为国会大厦奠基，从此不仅仅是一座新的国会大厦建立起来了，一种自由合作的精神也开始在大厦里升腾。

们充满了激动人心的活力，这种活力比它们的实用性更重要。英国人和美国人都爱争论。即使主席已经在暗中事先摆平了一切，即使每位与会者无需听别人讲话、只要按照他所在的那个党派的意见投票就行，他们还是喜欢围桌而坐，就像在认真商议。他们喜欢委员会的形式，喜欢带有饭后演说的公众聚餐，那些演说结结巴巴，是诙谐、陈词滥调、事务的大杂烩。这样的演说通常都很让人心烦而且拖泥带水，可是却没有人退场，因为演说一通或一直坐在那儿从头听到尾，他便会感到他在领导政治生活。一个社会活动家必须经常公开露面，即便露面未必对他有好处。这样的制度与机构的道德表现功能还能帮助弥补他们愚笨的办事惯例；如果人们不咂嘴对他们表示满意，没有在执行法律和议会的决定时感到由衷的高兴，那么他们就将是无用的也根本不会起什么作用。若没有这种英国精神，没有使自己公开相信私下里绝对不会相信的东西的本领，没有结合在一起正视事实的习惯，没有以谨慎、磋商、尝试的方式对待责任的态度，英格兰式的自由就会失去其实际的价值；当有人把自由提供给像爱尔兰那样反复无常、矫揉造作的民族的时候，或者当法国的某个陪审团并不针对事实和证人的可信性发表意见而是通过其裁决满怀爱国激情地推行某种政治方针的时候，我们就见到了自由失去实际价值的情况。

英格兰式自由的实践有两个先决条件：所有相关的人要基本上意见一致，再者是每个人都要有善于变通的性格以便随时可以变通。如果做不到意见基本一致，大家前进的总方向不同，就不可能有真诚的合作，不可能有令人满意的妥协方案。在这种情况下，每种妥协都是暂时的，都要在适当的时候尽早撤销，因为妥协会伤及一个人的本性，它等于部分地放弃生命、自由、幸福，暂时容忍两种弊端中较小的那种。可是妥协却包含着长久的不开心的对立和敌意。将事情付诸表决然后无条件地接受多数人的决定，这是英国方式的基本点。然而，如果没有达到基本意见一致的先决条件，这基本点就会是荒谬的。多数人决定下来的每件事情都必须让少数人仍然能生活下去、能得到发展，即便并不是完全以他们原先所希望的方式去生活和发展。假如不这么办，通过表决所作出的决定对少数人来说就会像外来的暴君那样是强加他们的一种灾难。而且每当表决时人们的反抗权就会起作用，在健全的民主政治中，所有存在争议的问题都应该是小问题；当民主政治出现时，基本原则必定是大家一致默认的、不成问题的。把一件事交给多数人去决定犹如把他交给运气——除非人们并不在乎将他交给前者还是后者，否则那将是个不幸的程序。你必须能够冒赌输的危险，只有这样，如果你输了，你才会欣然地默认这种结果，因为除非赢家作弊，他们对这种结果的出现并没有比你更大的影响力，也就是说他们对此并没有或几乎没有什么影响力。你在同样的条件下，由于同样的原因，或许更欣然地默认赞成民族政治，因为通常赢的机会会稍大一些。可是即便如此，倘若什么十分重要的事遇上了关系到成败的问题，所涉及的巨大风险仍然会是让人无法忍受的。因此，这就切实地要求陪审团（其决定可能会真的关系重大）的意见要一致，议会的决议和选举的结果要皆大欢喜，要充分体现全国民众的感情，要达到不再有少数人不同意、表决已经多余的程度。政府的管理工作越是显得多余才会做得越好。议会的大多数措施都无关紧要或者都是技术性的措施，都是只由政府各部门讨论与制定出来的；美国政府的工作常年来并不显山露水，都由名不见经传或并不尊贵的人承担，这种现象毫不稀奇。正相反，这很正常，这就跟那些从来没有跟警方打过交道的人的好运气一样。它表明合作的自由在发挥很好的作用，使政府的工作变得没有张扬的必要。有时候良好的人际关系与机遇可以让整个国家顺利发展，可是这种愉快的齐心协力现象一般只出现在民族生活的初创时期，那时相似的任务占去了所有的个人精力。如果在道德原则出现分歧后仍想维持齐心协力的局面，仍想既有齐心协力又能容纳种种不同的个性，那么，后面的所有发展都必须由民主的手段控制、必须仍保持融合的状态。多样性和差别不应演变为任意性和不负责任。它们必须朝不损害大致和谐的方向发展，任何利益都不应只顾及一部分人而忽视了其他人。在这种充满活力的民主氛围里，科学与艺术应当始终是大众化的、有益的、令人精神振奋的；宗教应当具有全民基本一致性、必须跟上时代潮流。所容许的多样性和差别必须只是服务与贡献上的多样性与差别。假如它们真的变成了各种各样的区别很大的生活方式，假如它们妄称自己有绝对的自由，那么它们就会毁掉民主精神的一致性，毁掉民主的道义权威。

英格兰式自由具有使人人平等的倾向（如果可以变通的性格指的是善于合作、善于彼此在本能上作出持久的让步，这种倾向就是必然的），不过这种倾向在美国比在英国表现得更明显。英国仍然有城堡和乡间疗养别墅，岛内仍然有"社会孤岛"，"孤岛"上特殊的社会阶层培养着某些特殊的忠诚。美国完全是一片大草原，被一股影响广泛的龙卷风扫荡过一遍。虽然它总是自以为是自由国度（即使在它的土地上满是奴隶的时候），可是那里的人们却生活在最强大的压制势力之下。那里禁令（虽然是重要的并且在不断增加）或许还没有某些其他国家那么多、那么引人注目，可是禁令并不像被强制那么令人感到屈辱。谨慎的人可以避开具体的被禁止的东西（例如重婚或异教），而不必放弃生活和思想的整个倾向。个人生活和思想的倾向只有到了极端的地步才会最终违背社会习俗，他可以沉迷于假说或骑士风度，却未必会违反国家的实在法。国家的实在法所提出的满足个人愿望的某些间接的方法也许甚至能够激发他的兴趣和聪明才干。从另一方面来说，强制的东西对人的伤害更大，它能让人们形成一些掩盖本性的习惯，跟这些习惯不一致的各种官能都会萎缩，例如，倘若我从清早到傍晚都不得不坐在办公室（而且工作很忙），中午饭总是匆匆地吃上几口，时不时地还要乘火车往远处出差，车外电闪雷鸣、车内闷热难当，我的身心皆受到束缚；除了工作的自由和通过工作争取地位上

美国白宫

　　白宫是美国的总统官邸，其设计者为詹姆斯·荷本。白宫于1793年破土动工，1801年竣工。11年后遭受英军的洗劫，后来又重新修复。它和自由女神像一样，是美国自由与民主的象征。

升的自由之外（那份工作本身也许是很有趣的），在精神上我根本没有立足之地。我傍晚的时间将昏昏沉沉地度过，星期天很乏味，休了几天假之后，我会感到最好还是快点回去工作。在这种情况下，留给自由的路很窄，窄得就像修道院里留给自由的路，在那里钟声和经卷时时刻刻让你专注于拯救灵魂的艰苦工作——当然如果你根本不会驰心旁骛，那可是件没有尽头的事情。那些病弱伤残者、那些夫人小姐以及纨绔子弟也许能逃脱这种令人难以忍受的日常工作，但它同样能阻止他们成功地或心安理得地从事其他任何工作。泡沫也要跟着河水一起流动。甚至连美国生活中最好的东西也带有强制性：理想主义、热情、辉煌时刻美好而愉快的和谐一致。你必须挥舞双手、必须大声欢呼、必须跟不可阻挡的人群一起挤来挤去；否则你就会感到自己像个叛徒、像个被社会抛弃的卑鄙的人、像一条搁浅在岸边的废船。在美国，只有一种得救的方法，尽管它并不是哪种正式宗教所特有的方法，因为正式的宗教本身也必须默默地遵循民族的正统观念，否则它们就会变成废物或成为纯粹的摆设。这种全民族的信念与道德观在概念上很模糊，可是在精神上却毫不含糊；它们是工作的准则，是前进中的信条。在一个国家中，有了这种全民族的信念与道德观，所有的人就是自由的，每个人都会发现对他来说那些最重要的问题都已经事先就得到了解决。

　　然而从总体上看，美国生活是自由的，因为它具有灵活性，因为在其中游动的每个"原子"都有自己的"动量"，其"动量"能被整体感觉到并受到尊重，这就像太阳系中一粒原子的重量，即使其重量引起的挠曲微乎其微，但这挠曲仍然存在。美国的性情是温顺的而不

美国一所小学课堂

　　美国人所遵从的英格兰式的自由，是他们在还在学校时就培养起来的传统。

是暴虐的，它并没有预先确定下自己发展的方向。它那无情的冲力是一种被动的合力，就像密西西比河或者尼亚加拉河，河水带着它那无数的涓滴不缓不急地向前流去，河流本身只提供吸力和压力，水滴们则互相吸压着。任何没有把握的想法或者无论哪里的一次闹着玩儿的实验都可能是某些大变化的最早的迹象，都可能让大河的流水改变方向。在孩子的天空中任何一片雪花都可能变成雪球的核心，而那雪球则是他的巨大财富；然而雪球容易滚大也容易融化，那曾经存在过的雪球融化之后并没有人因此而失去什么。在美国，无论处在什么地位上都有责任，可是无论哪儿都有光明。我并不是指非凡的理解力或者比较渊博的知识，而是指对光明的开放状态；能看清事物、能生气勃勃地做事无疑即是一种明显的快乐；如果快乐能发挥作用的事很关

键、很重要，那么这种快乐就等于是艺术和理性的真正成就。美国人
可能会把一些次要的事情看得过重，不过他的错误往往源自急于赞美
他自己的东西，一听到别人的赞美就信以为真。他能够发现不择手段
的赢利行为，因为他自己就善于那么做。可是他却发现不了人们（包
括他自己）最终目的中的虚荣心或邪恶的用意，因为他在那方面还很
单纯。他认为生活是灿烂的、无可指责的，他从未停下来好好想一想
生活中有多少固有的愚蠢和恶毒。他觉得他自己没有什么可畏惧的，
也没有什么可隐藏或可抱歉的东西。如果他由于无知而表现得很傲
慢，那么他在吹牛皮的同时眼里常常会熠熠生辉。他也许会怀疑自己
是否在欺骗自己，他会要求世界予以证实。当他一旦确信自己是在欺
骗自己时，他的天真也就很快消失了。相应的看来，美国的正统观念
虽然很傲慢，却也并非十分顽固。它对命运比对政策更敏感，它确信
前途是幸福的、成功的，如果有人不愿为这样的前途工作、不愿分享
成功与幸福，那将是可耻的事。然而它却难以预言那种光明前途可能
是什么样子的。虽然它在物质世界里热情地工作着，可是在精神世界
中却只是在观望与等待。就像怀孕的母亲对尚未出生的婴儿那样，它
对心中未表露出的冲动充满了柔情。在英国人的生活和哲学中，有一
种神秘的信念：我们的工作即使以失败告终，它对日后的成就也是一
种贡献，我们的努力湮灭在那成就中也就算得其所哉。这种英国式的
虔诚的表现形式是忠于职守与善于适应，它达到的自我醒悟程度颇似
那些思辨性更强的宗教通过苦行主义达到的自我醒悟，这种自我醒悟
的内涵是我们必须放弃自己的意愿、否定我们自己。然而，对动物来
说，意愿是基本的本能；可是有了意愿，我们就必须自讨苦吃，即使

从哲学的角度来看那是愚蠢的。缺乏英国式自由的政党与国家在精神上会互相对抗，那种精神不是慈爱的精神、不是有情谊的精神也不是基督教的精神。那是政党与国家的勇气和道德规范的表现形式，是不屈不挠的自负。它们所要的自由是绝对的自由，那种自由是相当原始的欲望。它可以被认为是对生活的热爱，这种爱能激励一切创造；它还可以被认为是对幸福的追求，所有神智健全的人都会致力于这种追求。它甚至可以被认为等同于运动的第一定律——所有的物体在不受到外力作用时，静止的永远保持静止状态，运动的则永远进行直线运动。这种原始自由的敌人是所有那些外力，正是那些外力使它偏离了它所惯于走的路线或想走的路线。当人们开始考虑他们的境遇时，他们会反抗这种外来的暴虐干涉，会在想象中把自由的情况下他们的作为与被强迫的情况下所做的事进行对照。从这种意义上说，人类所有的斗争都是被对自由的热爱激起的。甚至连对权利和财产的渴望都可以被认为是对更大范围内自由生活的热爱，因为那种生活需要更多的可利用的东西与资财。例如，专制欲望的辩护士会毫不犹豫地告诉我们野心勃勃的德国一直在追求最高形式的自由。只有把世界上的所有资源和所有附属国的人都利用起来，围绕着一个光灿灿的方向与自我意识的核心运作才能获得这种自由，而普鲁士兵政府刚好能提供这样的核心。这是处心积虑地实现专制欲望的自由，可是在他们看来这种自由似乎要比英格兰式的自由好得多，因为这种自由知道它需要什么，很聪明地去追求它所需要的东西，而且并不依赖人性中善的手段去争取成功。英格兰式的自由是对他人深信不疑的自由！在它的发展过程中，有一个又一个的障碍、有相互的让步、有有限的满足。它依靠的是骑士品质、运动家的风度、兄弟般的情谊以及不以谋利为目的的美德和无偏见的胸怀。它是多方面的、憨痴的、鲁莽的冒险，摸索着朝一个不可预测的目标前进。除英国人之外，还有谁会考虑这样的事！信仰上的狂热者、诗人、教条主义者、艺术爱好者——任何有确定的目标和充满激情、爱憎分明的人都不会喜欢英格兰式的自由。把如此沉闷、如此苛严、如此暴虐的东西称为自由，在他看来是一种天大的讽刺。实际上，英格兰式的自由是一种积极的侵犯，它放弃了往日大多数人为之奋斗过、交口赞誉过的旧的自由。与它相比，斯巴达

塞莫皮莱山口之战

　　图为斯巴达人的将领列奥达尼和他的军队。斯巴达人为了自由，在塞莫皮莱山口战役中与波斯军队殊死搏斗，直至死去。但是桑塔亚那并不认可斯巴达人誓死捍卫的这种自由，他觉得这是一种少数人的、不愿意合作的自由。

人在塞莫皮莱山口为之抛头颅，洒热血的那种自由，基督教徒在角斗场上为之殉难的或者新教改革者在火刑柱上为之赴死的那种自由就成了令人难以置信的自由。那些人之所以丢掉性命是因为他们不愿合作，是因为他们不肯变通、不同意过其他人所珍惜的或者至少是所习惯的生活。他们坚持自己选择的行为方式，一定要与他人完全不同，一定要我行我素，一定不肯普通；他们很想摧毁所处的社会或者至少在那个社会中把自己隔离起来，在自己的城墙范围内或密室里过一种自己小心保护的、隐蔽的、纯洁的生活。任何一个衷心热爱他的国家的人或者笃信他的宗教的人都不会满足于比那更少的自由或比那更多的民主。他必须不受约束地完全按照自己的理想生活；他不允许怀有敌意的表决以及外来的利益打扰他，使他偏离哪怕是一点点他自己的生活原则。这就是宗教对自由的要求，这种要求在西方世界的革命和分裂中曾起过很大的作用。每一种新的异教都声称自己是正教，是恢复了纯洁的正统；让那些不接受已改革的信仰的堕落者去遭殃吧！甚至连教皇们也常常大声疾呼自由，没想到那是否是一种讽刺。中世纪的城市与贵族们也有这种渴望，也曾为自己的自由和权利而斗争。甚至还有美国的《独立宣言》和美国的《宪法》也表达了这样的强烈愿望——那可是强有力的文件，但愿英格兰式合作性自由和精神没有使它们膨胀，没有把它们遮掩起来，没有使它们软化，也没有使它们走样。还有法国的那场大革命和俄国的十月革命，它们都旨在一劳永逸地在某种长远的公正原则上建造社会，旨在清灭一切与它们的制度格格不入的传统、利益、信仰甚至话语。对所有这些忧虑的或狂热的自由倡导者来说，自由意味着不要改变他们自己的自由，让他们的自由永远持续下去，而对为了和谐要求他们做点改变的人，他们则回以强烈的蔑视。他们号召所有的人都完全照他们的样子变得不受任何约束，否则就要掉脑袋。

当然，对于许多人来说，即便在任何一座有这种自由的城市或教会里（它们都十分注意保护自己的政治独立和道德纯洁），生活最终仍然不过是一种可悲的被奴役的过程。而且生活中总会出现点反抗者、殉难者和傲慢的哲学家，他们会抗议与怒斥极端独立的、非常需要抗议的党派和教派。对那些自由思想家来说，跟任何人的合作似乎都是对自由的玷污，他们对任何偏离"正北"的事都非常敏感，一接近任何"人体磁铁"他们的"罗盘"就会乱转。如果说易受影响是一种缺点的话，那么让自己接触影响便是自己不谨慎；对任何心里的"监督者"有很好的表达能力、意志又很坚定的人而言，易受影响似乎都是不光彩的事。若想感受英格兰式的自由需有几个必要的前提：不太精明，很爱交际，常效仿他人，常被流行的看法左右。你必须找到适于一起生活的那群大多数人，必须放弃你那已经失败的事业，必须心甘情愿地让你最宠爱的那些见解躺在习俗的摇篮里闭眼睡觉。热衷于民主、和平和国防联盟的人不应自欺欺人，他们并不是每个人的朋友，他们是每个人身上最根深蒂固、最原始的本性的敌人。他们会在每个难驯服的民族中、每个不受任何约束的人心里激起恒久的仇恨。

凶残和有耐性是野兽生命中的本性，凶残也好、有耐性也罢，都体现了英勇与不妥协的特点。起先，每个人和每个小集团不可避免地会为某种特殊的利益服务，这种利益本身也许会是完全高尚的、慷慨的。可是，这些利益都各不相干，又都显得极为重要。各党派、各集团无论多么讲究外交礼节，一打起交道来就会像古老的市场上买东西的和卖东西的人那样讨价还价。每个人都有一项确定的计划，或许他会称之为理想；当他今天把能弄到手的东西都弄到手之后，明天他又重新开始，目的没有丝毫改变。他把所有的对手都当成纯粹的敌人，因此要打倒、要赶走，最终要使其改变信仰或把他们消灭。同时他还会经常耍政治手腕，这种手腕的最后一招便是战争。这里所说的手腕并不是专指牧师的手腕（虽然他们很善于耍手腕），而是指所有的传教士、鼓动家、懂哲学的政治家都用的手腕；这种政治家从某种隐蔽的利益和不容变更的计划出发，完全不按英格兰式的精神行事；他玩阴谋、搞哄骗、巧舌如簧、故弄玄虚。他的手段是小心谨慎地向前慢慢走，利用人们的激情去接近自己的目标；如果这种办法行得通，他便鼓动得他们狂热起来；如果行不通，他则拿出狡诈的折中办法，大讲私人利益的好话，大搞骗局，提些亲切的建议，其目的还是推荐他的事业，直到晕头转向的受骗者完全被他左右。或者当他觉得自己有足够的实力时，他便对他们声色俱厉进行威逼，吓得他们缄口不语。这就是鼓吹者必然的做法，他宣扬的是一种政治或宗教的专制，追求的是对行为准则和意志的绝对支配，他认为那些准则本身是正确的，而人们的意志只是自以为有理其实并不可靠。

　　我们可能会问这样的问题：当人们的智谋显然十分有限，不可能取得永久性成功时，当他们的意志本身实际上非常脆弱，往往在还没认识到一个梦想并不能实现之前就把它放弃了时，他们为什么动不动就提出绝对的要求呢？原因是怀着某种欲望的人越是软弱、越是愚

昧、越是天真，他越是不能克制自己或放弃一部分欲望以便更好地在
其他方面获益。在大多数国家和大多数哲学流派中，有才华的人都是
被动的，通常被挟持着向前奔，而对好的东西又往往一见倾心。于是
仓促得到的信条似乎让意志摆脱了所有的风险，保证了计划的成功。
可实际上那样的信条会让我们耳不聪、目不明以致遭遇灾难性的风
险，使所有的希望落空。英国人心中恰到好处的迟疑和表达上的迟钝
与木讷使他躲过了许多这种不幸，正因为他的头脑不太出色，他才是
安全的。由于总有所保留，他的创造力才永不枯竭;由于目标模糊，他
才能在每个拐角处拐入最诱人的路。在这种比赛中，理智选择了谨
慎，把勇气留给了意志力，在比赛中勇气是必不可少的。有才智的人
志在上九天览月，他反驳一切、证明一切，可是一个俗人在平衡自己
的各种能力时却比他做得更好、更幸运！而这时意志却根本不敢尝试
任何事、不敢改革任何东西，白白地将自己浪费在懒散、无足轻重的
敌意和讽刺上。就英国人的个性而言，谦逊与大胆总能出现在恰当的
地方，总能把握得恰如其分。刚强果敢是敢作敢为，并不假装对事情
的结果已有把握；它并不为了掩盖有限的致命危险而高喊一切都已经
很有把握。探索与友谊的乐趣是刚强果敢所得到的酬劳。

　　正是这种给人深刻印象的、适应性强的性格，正是这种精神上的
青春活力，为合作创造了条件，使合作不断发展。当利益完全被讲清
楚、完全确定下来之后，合作就变成了一种数学题。在利益分配相当
清楚的情况下，人们才会合力互助或分工协作，就像水手们拉一根绳
子。当他们同时也是在帮助自己时，他们才会互相帮助。除此之外，
就会只有互不关心或永久的敌意。世上的事历来如此。绝大多数低等

动物尽管在成长过程中会有不少惊人的变化，可它们似乎是按照预先确定的方式和形式成熟起来的。大自然为它们安排好了一切，经验对它们没起任何作用；它们生也好死也罢，那完全是自己的天性。可是人类，特别是英国这个种族的人，似乎在心理上尚未成熟时在身体上就已经成熟了，他们需要教育、经验、外界影响的帮助才能完全成熟起来。常常会宠坏其他人的东西对他们反而会有完善作用。如果任他们自由发展，不培养训练，他们会一辈子都愚昧、粗鲁，不会有正常的乐趣，只有酗酒当酒鬼。然而，托儿所、学校、教堂和社会习俗会使他们变成最文雅、最体面的人，同时又很聪明，不过那是一种谨慎的特有的聪明。即使尽心竭力，他们也许永远不会像许多动物或先验者那样毫无困难地变得敏捷、优雅、有信心；可是他们却获得了更多的有代表性的见解和更广泛的来源于经验的知识。人的性格在娘胎里只形成了一半；在世上，性格继续完善的方向可以是偶然选择的方向，也可能是更崇高的社会和谐的方向，也就是说，邻居们所建议的方向。社会是某些人的第二位母亲。如果了不起的模仿本能不介入，不能使动物通过榜样来学习，那么许多动物的本能就是不完全的。在这种情况下，发展包含着吸收与同化；性格受到社会感染力的塑造，受到民主的教育。社会观念一致的氛围正倾向于扩大，它有助于把差异缩小到微不足道的程度。其效果是道义上越来越协调一致，这种协调一致是精神和谐的最简单形式，对人的感情最具约束作用。

人们常常把民主与自由相提并论，似乎它们指的是同一种东西；有时候又把它们等同于由选举产生的政府——英国和美国都是这样的政府。然而，正像英格兰式的自由在某些人看来无异于被奴役一样，因为它要求他们与别人合作、要求他们服从大多数人并且跟大多数人一样发展，英国的民主在那些倔强的人看来无异于暴政，因为它是宪法规定的、有历史根据的、神圣不可侵犯的，它随时都可以把任何一个团体的权力缩小到只能参加选举的地步——从两三个候选人中选出一个人担任公职，或者对某项具体的提案只能表示同意或不同意，而这些提案和候选人都是由一种看不见的力量安排在他们面前的。这笨重的政治碾磨机的碾磨功效毫不比命运逊色，它冷酷、分不清青红皂白；例行公事、裙带关系、不和、狂妄自大、迷恋官位、爱财，所有这一切都在推动着磨轮。最糟糕的是反对这台历史悠久的机器的革命党也在重复他们所抨击的东西，甚至做得有过之而无不及。英国和美国内部与外部的敌人正是以正常自由和直接民主的名义起来反对他们的民主和自由的，如果英国和美国的普通人都能认识到这一点就好了。正如罗马教廷曾威胁过英国自由那样（因为罗马教廷坚持所有的人都要信奉一种不可改变的世界性的宗教），如今在少数被剥夺了应享权利的人的领导下，被剥夺了应享权利的许多人的世界性民主又威胁着英国式的自由——因为这种民主要消除个人利益，而私人利益却是任何合作中的要素，这种民主还将让每个人只有被强迫的成员身份，每个人都在一个大集体中被迫服务，他没有财产、没有家庭、没有国家，也没有宗教信仰。在这样一种制度下的生活也可能会有舒适之处，会有它自己的艺术、自己的微乎其微的自由，这一点并无疑问，正如在天主教制度下的生活也有真善美、也有慰藉那样。然而，这两种制度下的人性却不是英国式的，或许根本就不是人的本性。

英格兰式自由的一大优点是它跟事物的本性是协调一致的，当生

美国上流社会请愿的妇女
　　1916 年，为了争取选举权，一群上流社会的女士们挂着标语牌上街游行。

物成功地使自己的习惯适应了事物的习性后，它们便进入了健康与智慧之路。毫无疑问活下去的欲望是完全绝对的，无论是高级生物还是低级生物，无论是凶猛的野兽还是十分乐观的人都是如此；可是即便如此它也只是在口头上，在坚持自己的要求时是绝对的；它是否能存在则根本不是绝对的而是不确定的。活下去的欲望是上千种隐蔽的一时欲望的灵活心声，个别的隐蔽的一时欲望会时不时地表现出来。活下去的欲望会不知不觉地受复杂的已被遗忘的过去的影响，对变化中的未知环境非常敏感。这种欲望是许多感情的集合体，当它提出绝对要求时，便会变得既可悲又可笑。它也许准备成为殉道者，可是却将不得不成为殉道者。殉道者是英勇的，然而除非他们得到事物本性的支持、他们的事业可望成功，否则他们的英勇就会变成罪犯式的和疯子式的英勇，很令人关注，可在道义上却令人厌恶。疯子和罪犯跟其他殉道者一样，迎合了大众的想象力，因为在我们每个人身上都有点绝对欲望或者说聚集着一些小小的绝对欲望，那是想犯罪、想发疯、想成为英雄的欲望。不过如果我们神志健全的话，我们会靠"权衡"来生存，我们把这种"权衡"称作理智，它控制着那些反叛的梦想；如果那些反叛的梦想发狂失控了，我们就会迷惘。理智是一种和谐，以自我为中心的哲学家认为理智支配着世界（在世界上各种无理性都是根深蒂固的、难以约束的），因为只要人和自然出现了和谐（无论在何处，也无论和谐的程度怎样），世界就会变得可以理解、变得安全，哲学家们就能在其中生活。即便在理性的社会中，情感也仍然是生活中的要素，不过各种情感会相互制约；而理性的生活却像英格兰式的自由那样是一种永恒的折中。正相反，绝对自由是行不通的。它是一只新生的昆虫嗡嗡叫着在愚蠢地向世界挑战，它跟生活在很多方面不合拍。世界上所有的独立宣言并不会给任何人带来真正的独立。你可以无视你所处的环境，可是你却无法逃避它；你对环境的漠视会给你带来精神上的贫穷，将来总有一天让你面临意想不到的不愉快的东西。甚至连鲁滨逊（生气的美国曾试图模仿他）也要靠从遇难船上抢救出的东西生活，靠岛上的足迹、靠遥远的希望活下去。听之任之、不受干预、不受帮扶的自由不是英格兰式的自由。那是所有野兽、所有野蛮部落、所有嫉妒的城市和宗教的原始欲望，他们声称要按自己中意的方式生活、按自己中意的方式闯荡世界。然而，这些好斗者只有与合作对立的原则所给予他们的精神力量；在对外事物上，他们越是表现出更多的自由，他们的成员在内部享受的自由越少。在内部，他们好像古斯巴达或现在的德国那样，不惜一切代价严格地组织起来。即便那些强制的约束不十分令人厌倦，人民有热情、也自动地齐心协力，这种本地的和谐基础也会很快证明是非常狭隘的。各国家和各宗教会互相冲突，会和变化、科学冲突，会和所有他们从未预见到的现实问题冲突。他们终将或多或少有些痛苦地消亡，可那却不是一种正常的功德圆满的消亡，不像一个人那样消亡后还会留下子女和继承人。那将是他们发展的结束，是理想闷死在沙中。

这种狂热的自由的崩溃不是正常的变异，并不像环境变化后，赖以生存的所有东西都会随着时间的推移迟早都要变异那样。那是一种极大的悲剧，因此较狭隘的激情以及更迅速地形成的和谐比混乱或者比代替混乱的沉闷的广泛平衡更完美。乐意合作的生活是合理的、富有朝气的生活，不过它本身总是不完美，同时它还会让某些欲望感到窒息。绝对自由会产生一些东西；而灵感、无拘束的才智、坚定的信仰、独特的中心地和繁衍环境都是那些东西诞生的必要条件。假如艺术家没有完全的自由，他的工作没有纯净的环境，就不会有什么好办法让合作普及与成功。英格兰式自由的理性与原则没有创作的灵感；它们以自发性为先决条件，然而它们又在某种程度上扼杀自发性；它们没有完美的形式，因为它们必须保持变通性并不断地进行改进以便不断地广泛适应发展的大世界。因此它们的工作就像那些大教堂的建筑，大教堂都是经过连续的不同时期的劳动建起来的，每个时期都有其自己的风格。有时候，我们会感到遗憾，因为某种设计没能毫无变

动地得以实现，然而长期的不断补充最后总会有奇妙的颇具说服力的
效果。对美的共同虔敬和热爱激发了补充设计的灵感，岁月把不同的
补充设计融合在一起，弱化了它们的不协调之处。最后完成的集各种
风格为一体的大教堂似乎笼罩在难以形容的魅力中，就好像上帝和人
类都在里面喘息。它是由各种偶然因素构成的和谐的杰作，就像时间
和大自然创造出每一种杰作一样，这样的作品格外深刻、格外富有想
象力，因为单凭人的才智是绝对设计不出来的。这种由环境制造与改
造出来的有自然特色的建筑是所有品行端正的人的摇篮和家园。

　　韦伯斯特①曾大声疾呼："自由与团结，永远重要，它们是一个
不可分割的整体！"在韦伯斯特这激昂的呼声背后似乎蕴涵着严肃的
道理，甚至蕴涵着深刻的思想，因为倘若你为了自由而丢弃了团结并
拒绝在目的上相互适应（不同的目的会对其中的每一种目的造成损
害），那么你主张的自由就失去了广泛性、灵活性，失去了不怕变化
而顽强存在的力量，也就是说为了变得肆无忌惮与绝对，那种自由不
再是尝试性的、富有人性的。大自然总是制造出一些不知责任为何物
的本不足道的情感，这些情感还常试图左右她，可是她从未让其中的
任何一种情感获得过真正的成功，独裁的帝国和宗教的崩溃已经提供
了证明。然而由于英格兰式的自由是合作性的，由于它只要求人们达
成部分的、可变通的一致，所以它可以长久地持续下去，可以让所有
明事理的人和国家为其效劳。这种自由是美国继承来的最珍贵的财

----

　　① 约翰·韦伯斯特（约 1580—约 1625），英国剧作家，生平不详，以其悲剧《白魔》和
《马尔菲公爵夫人》著称。

富，这笔财富比欧洲大陆、美洲大陆的原始财富更可贵，它是稳健而果敢的英格兰精神的精华。当然，如果我们是飞鸟或诗人，那么绝对自由就会显得更令人愉悦；可是如果我们是生活在一起的人，那么合作与心甘情愿地做部分自我牺牲，甚至全部牺牲（我们心中的爱除外）也是很美的事。绝对自由与英格兰式的自由是不相容的两种自由，人类必须在它们二者之间作出痛苦而勇敢的选择。不得不摒弃与毁灭某些美的东西的确是生活中令人最为苦恼的事。